Chakra raíz

La guía definitiva para abrir, equilibrar y sanar Muladhara

Su regalo gratuito

¡Gracias por descargar este libro! Si desea aprender más acerca de varios temas de espiritualidad, entonces únase a la comunidad de Mari Silva y obtenga el MP3 de meditación guiada para despertar su tercer ojo. Este MP3 de meditación guiada está diseñado para abrir y fortalecer el tercer ojo para que pueda experimentar un estado superior de conciencia.

https://livetolearn.lpages.co/mari-silva-third-eye-meditation-mp3-spanish/

Tabla de contenidos

Introducción

Cuando trabaje en la alineación y el equilibrio de sus chakras, es esencial que empiece por el primer chakra: Muladhara, o el chakra raíz. Este chakra es el encargado de mantenerle enraizado en el mundo físico. Cuando está desequilibrado, puede experimentar dolor físico en la mitad inferior de su cuerpo y encontrar difícil mantenerse concentrado y estable. También puede sentirse agotado, deprimido y estresado, como si se viera obligado a apresurarse en las tareas sin prestarles la atención que merecen.

En esta guía, veremos todo lo que necesita saber sobre su chakra raíz y cubriremos los consejos para limpiarlo, abrirlo y equilibrarlo. Con los conocimientos que adquiera en esta guía, tendrá una buena idea de qué hacer si su Muladhara se bloquea o desequilibra alguna vez.

En el primer capítulo, veremos los aspectos básicos; comprenderemos qué son los chakras, nos centraremos en el chakra raíz en particular, y por qué debe estar alineado.

En el segundo capítulo, veremos los signos y síntomas reveladores de un chakra raíz bloqueado para que pueda remediar la situación cuando sea necesario. A continuación, el tercer capítulo analizará las técnicas de meditación que puede utilizar cuando trabaje en la apertura de su Muladhara y el cuarto capítulo analizará específicamente los mantras y las afirmaciones que puede utilizar a lo largo de este proceso.

El quinto capítulo analizará cómo puede utilizar los mudras y el pranayama para mejorar su meditación y facilitar el equilibrio de su chakra raíz. En el capítulo sexto, veremos cómo el yoga puede ayudarle a equilibrar su Muladhara y le ofreceremos varias *asanas* (posturas de yoga) que puede poner en práctica.

En el capítulo séptimo, veremos cómo puede utilizar los cristales y las piedras junto con su meditación de los chakras y los ejercicios de yoga. Exploraremos las distintas opciones disponibles y cómo deben utilizarse. El siguiente capítulo tratará sobre la aromaterapia y los aceites esenciales y su uso para equilibrar su Muladhara y le sugerirá aceites esenciales específicos que puede utilizar.

El capítulo noveno analiza cómo debe adaptar su dieta y nutrición para tener un chakra raíz saludable. En el capítulo diez, se le proporcionará un ejemplo de rutina semanal que puede seguir para sanar su Muladhara. Este programa incorporará todo lo que habrá aprendido en los capítulos anteriores para entender cómo se unen todos para desbloquear su chakra.

Por último, encontrará un capítulo extra que le explicará cómo puede ir más allá de su chakra raíz hacia los demás chakras de su cuerpo. Este capítulo le preparará para desbloquear el resto de sus chakras para ayudarle a equilibrarse física y espiritualmente.

A diferencia de otras guías sobre el Muladhara, esta guía es perfecta tanto para principiantes como para practicantes de yoga experimentados. No importa si es la primera vez que oye el término "chakra" o si lleva años trabajando para equilibrarlos; todos podrán beneficiarse de esta guía tan detallada.

Lo único que le queda por hacer es pasar la página y utilizar esta guía fácil de seguir para empezar a equilibrar sus chakras, ¡para que por fin pueda vivir la vida que le corresponde!

Capítulo 1: ¿Qué es Muladhara?

Antes de que pueda empezar a desbloquear y equilibrar su chakra raíz, es una buena idea entender bien qué son los chakras y por qué es tan necesario equilibrarlos.

¿Qué son los chakras?

Los chakras son un concepto que proviene del tantra y del hinduismo primitivo. La palabra "chakra" significa literalmente "disco" o "rueda" en sánscrito y se refiere a los diferentes centros de energía que se encuentran en el cuerpo humano. Existe un debate sobre cuántos chakras hay en el cuerpo de una persona y algunas tradiciones dicen que hay hasta 88.000.

Los chakras son centros de energía en el cuerpo
https://pixabay.com/es/vectors/chakra-meditaci%c3%b3n-aura-energ%c3%ada-5628622/

Sin embargo, la mayoría de los sistemas de creencias coinciden en que siete chakras principales recorren el cuerpo a lo largo de la columna vertebral. Empiezan con el chakra raíz, del que hablaremos en detalle en este capítulo y en este libro, y se extienden hasta el chakra de la coronilla, situado en la coronilla de su cabeza.

El concepto de los chakras se origina en la idea de que cada persona tiene dos cuerpos en dos dimensiones paralelas. El primero es el cuerpo tangible, que se encuentra en el mundo físico. El segundo es el cuerpo energético, o cuerpo sutil, conectado por vías energéticas (o canales) conocidas como nadi. Estos canales de energía están conectados y dirigidos por nodos de energía psíquica, o más comúnmente conocidos como los chakras.

El cuerpo físico puede afectar al cuerpo energético (y viceversa), y esta interacción es la que permite equilibrar los chakras.

Cada uno de los siete chakras principales tiene diferentes efectos físicos y psicológicos en su cuerpo, lo que significa que cualquier chakra desequilibrado tiene un efecto particular en su cuerpo. Aprender en qué hay que fijarse es el primer paso para conseguir un cuerpo equilibrado en ambos ámbitos.

Para iniciar el proceso de equilibrio, lo ideal es empezar por el de la base y seguir desbloqueando cada chakra en orden hasta llegar al de la coronilla. Así que, para empezar, comencemos por comprender el chakra raíz.

¿Qué es el chakra raíz?

Como ya le hemos dicho, el Muladhara se encuentra en la base de su columna vertebral. La palabra "Muladhara" -el término sánscrito- significa "raíz", de ahí su nombre en inglés.

Este chakra actúa como la raíz de su cuerpo y está vinculado al elemento tierra, que representa la capacidad de una persona para sentirse arraigada y estable en la vida. Está conectado con sus relaciones familiares y su sensación de seguridad. Un chakra raíz sano le permite sentirse confiado, seguro y protegido a medida que avanza en el viaje de la vida.

Este chakra también sostiene su estructura ósea, actuando como un chakra de conexión con el mundo físico que le rodea. Cuando el chakra raíz está bloqueado o desequilibrado, todos los demás chakras de su cuerpo pueden quedar desalineados.

El símbolo del chakra raíz
https://pixabay.com/es/illustrations/chakra-mandala-chakra-ra%c3%adz-1340058/

En las escrituras hindúes y en los textos yóguicos, se dice que Muladhara es el chakra del que emergen los tres nadis principales (Ida, Pingala, Sushama). Se considera que es el hogar del dios Ganpati, es decir, que Ganpati lo gobierna, y se considera que su influencia en su vida emana espiritualmente del Muladhara. Además de ser el dios que trae la buena suerte y elimina los obstáculos, Ganpati es también el hijo de Shiva, que se describe como el yogui omnisciente que enseñó por primera vez el yoga a los sabios hindúes.

El chakra raíz es donde comienza todo en su cuerpo. Es el hogar de sus emociones. Sin embargo, un chakra raíz desequilibrado provocará oscilaciones en su estado emocional, incluyendo sentimientos de ira, inseguridad e inquietud. También puede hacer que sus niveles de miedo, pánico y ansiedad se disparen como resultado de lo que su cuerpo ve como una amenaza a su seguridad.

Un chakra raíz desequilibrado es común en las personas que han tenido luchas personales negativas, como problemas con su situación financiera, relaciones interpersonales y preocupaciones por asegurar la satisfacción de sus necesidades de supervivencia.

Otra forma en la que el chakra raíz influye en usted es a través de su papel en el mantenimiento del flujo constante de la propia creatividad. Actúa como la raíz de la intención creativa en su cuerpo y, cuando está en equilibrio, asegura que una persona se sienta segura para desarrollar sus ideas e inspiración. La "raíz" de su creatividad es clara, lo que le permite ser capaz de llevar sus ideas a la realidad.

Le permite defenderse a sí mismo y a sus ideas y le garantiza que no dejará que el miedo al fracaso le frene. Sin embargo, cuando está desequilibrado, puede suponer un reto a la hora de llevar a cabo sus ideas creativas, y existe un mayor miedo a la derrota que a menudo puede impedirle intentarlo en primer lugar.

Chakra raíz y sexualidad

Como se ha mencionado anteriormente, su chakra raíz está situado en la base de la columna vertebral, concretamente en el suelo pélvico. Esta ubicación también significa que tiene un impacto significativo en su sexualidad y en su vida sexual.

Como hemos comentado, uno de los principales efectos de un chakra raíz desequilibrado es el miedo. Cuando tiene miedo, es incapaz de abrirse a la intimidad, lo que dificulta la confianza y la conexión con la pareja sexual. Un chakra raíz bloqueado hace que su vida sexual sea insatisfactoria porque es incapaz de apreciar el sexo con una persona en la que confía plenamente.

El chakra raíz también tiene efectos fisiológicos en su cuerpo. Esto es especialmente cierto en el caso de las mujeres que han experimentado un trauma en la infancia. El chakra raíz responde cerrándose en las mujeres que tienen miedo al sexo, ya sea por traumas anteriores o por la preocupación por una primera experiencia dolorosa. Un chakra raíz inactivo también significa que los músculos del suelo pélvico se tensan y pueden provocar una reducción de la lubricación vaginal.

Para las mujeres que tienen una experiencia sexual cuando su chakra raíz está cerrado, los músculos del suelo pélvico tensos pueden causar dolor y, en el caso de las primeras veces, sangrado. Este dolor sienta un precedente, haciendo que espere que se repita la próxima vez que tenga relaciones sexuales. Este miedo conduce a un chakra raíz desequilibrado, lo que implica reacciones tanto fisiológicas como psicológicas.

Esta combinación de miedo y efectos fisiológicos (músculos pélvicos tensos) conduce a una disfunción sexual a largo plazo, que no puede resolverse hasta que el chakra raíz se abra y se equilibre. En el caso de los hombres, el miedo y la falta de confianza en su pareja conducen a una vida sexual insatisfactoria que, una vez más, requiere que su chakra raíz se alinee y se abra para ponerle remedio.

Comprender el chakra raíz en profundidad

Un loto rojo de cuatro pétalos con un cuadrado amarillo en el centro representa el Muladhara. Cada pétalo tiene una de las cuatro letras sánscritas (va, scha, sha y sa) escritas en dorado. Según la tradición yóguica, estas letras simbolizan los cuatro vrittis (pensamientos que afloran en la mente) -el placer natural, el mayor gozo, la felicidad en la concentración y el placer en el control de la pasión- o representan el dharma, el artha, el kama y el moksha.

En el centro del loto se coloca la sílaba lam dentro del cuadro amarillo. Este es el bija mantra, o mantra semilla védico, asociado con el chakra raíz y se discutirá con más detalle en otros capítulos de este libro.

En algunas representaciones del símbolo del chakra raíz, ocho lanzas apuntan desde los lados y las esquinas del cuadrado hacia los pétalos.

El chakra raíz se asocia con la deidad hindú Ganpati, como ya se ha comentado, y con el dios Indra, que es el rey del cielo y el dios del cielo, el clima, los rayos, las lluvias y los truenos.

Al estar vinculado al elemento tierra, el chakra raíz también se asocia con el color rojo (o rosa), que simboliza la tierra. Además, está vinculado al sentido del olfato, y su nota musical es el do.

En sus chakras raíz, usted lleva no solo sus propias experiencias, sino también los recuerdos ancestrales, tanto buenos como malos. Así, los traumas generacionales pueden afectar incluso a personas que nunca han experimentado un nivel similar de dificultades durante su propia vida, pero equilibrar este chakra ayuda a sanar estos traumas tan arraigados.

Cuando la energía fluye sin obstáculos a través de su chakra raíz, se despierta la energía kundalini. La energía kundalini es la energía divina femenina asociada a la diosa y permanece latente en el Muladhara hasta que se abre el chakra. El flujo de energía a través de este chakra también proporciona a los otros seis chakras una base sólida en la que pueden apoyarse, por lo que es esencial empezar a abrir su chakra raíz antes que cualquier otro.

Chakras raíz desequilibrados

Con un chakra raíz desequilibrado, pueden prevalecer varios problemas físicos y emocionales en la parte inferior de su cuerpo, entre ellos

- Aumento o pérdida de peso
- Problemas con el colon y la vejiga
- Estreñimiento
- Dolor en la pelvis
- Problemas en la parte inferior de la pierna o los pies
- Dolor en la parte baja de la espalda
- Problemas de próstata en los hombres
- Problemas para dormir
- Debilitamiento de la inmunidad, lo que hace que sea más fácil caer enfermo

Los síntomas psicológicos y emocionales de un chakra raíz desequilibrado incluyen

- Depresión
- Trastornos de ansiedad
- Trastornos de la alimentación
- Falta de confianza y autoestima
- Incapacidad repentina para concentrarse
- Miedo y pérdida de su sensación de seguridad
- Comportamiento errático
- Negatividad y cinismo

- Sentirse extremadamente abrumado, como si viviera constantemente en modo de supervivencia

- Falta de energía y una sensación constante de letargo

También puede desarrollar problemas de autocontrol, que es una de las razones por las que un chakra raíz desequilibrado puede provocar trastornos alimentarios: controlar la ingesta de alimentos puede conducir a una sensación temporal de recuperar el control, pero en realidad puede provocar graves problemas médicos.

Además, un desequilibrio también puede conducir a problemas espirituales, como una crisis existencial o de fe, pérdida de voluntad y un sentimiento de duda sobre su lugar en el universo que le rodea. Puede llevarle a perder el interés por formar parte del mundo.

Un chakra raíz equilibrado, en cambio, está vinculado a

- Un saludable instinto de supervivencia

- Un sentido de pertenencia entre las personas que le rodean

- La capacidad de conectar con sus seres queridos y sentirse arraigado en su vida

- La estabilidad y la seguridad

Un chakra raíz sano es esencial para darle la voluntad de vivir y cuidar de sí mismo y devolverle el enfoque a su vida. Con un chakra raíz estable, podrá prosperar y alcanzar realmente su potencial.

Equilibrar su chakra raíz es la clave para recuperar esta sensación de estabilidad en su vida. Este libro explorará las formas de hacerlo en detalle en los siguientes capítulos, pero algunos métodos que puede probar incluyen

- El yoga

- La meditación

- Aromaterapia

- Curación con cristales

También puede utilizar el movimiento, el sonido y el tacto para equilibrar su chakra raíz.

El movimiento es exactamente lo que indica: salir de casa y moverse. Como el chakra raíz está vinculado a la tierra, se recomienda que se relacione con la naturaleza. Incluso algo tan sencillo como pasear por un jardín o hacer senderismo puede ayudar.

Otra forma de desbloquear su chakra raíz es conectando con la tierra con los pies. Para ello, póngase de pie con una pelota de tenis en el suelo delante de usted. A continuación, ponga un pie sobre la pelota, apoyando su peso en el otro pie. Mueva el pie sobre la pelota en un movimiento circular, permitiendo que su tobillo se mueva. Cuando se sienta en el suelo, cambie de lado.

Si no es posible pasar tiempo en la naturaleza, otras formas de movimiento, como la danza y el pilates, también pueden ayudar.

También puede utilizar el sonido para sanar sus chakras, incluyendo el uso de cuencos cantores, baños de sonido y sonidos de gong. Como veremos más adelante en el libro, también puede utilizar mantras. La frecuencia de vibración del chakra raíz es de 432 Hz; utilizar el sonido a esta vibración puede ayudar especialmente.

Por último, también puede utilizar el tacto para equilibrar su chakra. Esto implica tocar su cuerpo y ser tocado; una opción es probar el automasaje.

También puede pedir a un ser querido que le dé un masaje o acudir a un profesional. Estar conectado con otra persona mediante el tacto es una cuestión de confianza, especialmente cuando se le da un masaje. Esto le ayuda a conectar mejor con otras personas, lo que le permite equilibrar su chakra raíz.

También puede probar otras actividades basadas en el tacto, como los abrazos (el auto abrazo también es una opción), los mimos y el sexo con una pareja de confianza. Debería probar a tocar su cuerpo mediante automasajes y auto abrazos porque este tipo de tacto refuerza su amor por sí mismo.

Además del auto tacto, también debería reservar tiempo para estar a solas. Puede trabajar en su autoestima y descubrir su verdadero yo. Utilice este tiempo para manifestar lo que quiere de su vida o dedíquelo a hacer cosas que le gustan, pero que no puede hacer por falta de tiempo, como leer un libro, disfrutar de la música o salir a correr. Esencialmente, debe hacer lo que le ayude a conectar mejor con su ser interior, verdadero y auténtico.

Por qué debería alinear su chakra raíz?

Un chakra raíz equilibrado le ayuda a sentirse más conectado con las personas que le rodean y más seguro de sí mismo y de su lugar en el mundo.

Sin embargo, hay algo más que eso.

Un chakra raíz alineado y equilibrado le asegura un entusiasmo por la vida. Le entusiasma experimentar el mundo que le rodea y le rescata del aburrimiento y de los sentimientos de estancamiento. También es esencial para que se sienta con energía y pueda completar su rutina diaria.

El chakra raíz también proporciona energía al resto de los chakras de su cuerpo, por lo que conseguir que esté equilibrado es fundamental para que cualquiera de sus chakras siga el mismo camino.

Ahora que entiende su chakra raíz, es el momento de analizarlo con más detalle. El próximo capítulo explorará los efectos de un chakra raíz bloqueado y analizará qué puede causarlo.

También examinará otros problemas del chakra raíz, incluidos los efectos de un Muladhara débil o hiperactivo. Le dará algunos síntomas a los que debe prestar atención e incluye un cuestionario que puede utilizar para determinar si su chakra raíz está en equilibrio.

Una vez que haya averiguado el estado de su chakra raíz, podrá buscar formas de abordar cualquier desequilibrio que pueda existir. Otros capítulos explorarán, en detalle, algunas formas populares de tratar los chakras desequilibrados y abrir los Muladharas cerrados, incluyendo cómo meditar, para abrirlo, qué mantras y afirmaciones puede utilizar, y qué mudras y pranayamas se recomiendan para su chakra raíz.

También veremos algunas posturas y secuencias de yoga que pueden equilibrar su Muladhara y enumeraremos algunos cristales y piedras que puede incorporar a su práctica de meditación y yoga. Además, podrá aprender a utilizar la aromaterapia y los aceites esenciales para favorecer el proceso de equilibrio y se le informará sobre qué aceites esenciales son los mejores para este chakra.

Algo importante que este libro explorará es cómo adaptar su dieta para asegurar que su chakra raíz esté equilibrado. Su dieta y nutrición pueden tener un impacto significativo en el estado de sus chakras, y este libro le proporcionará toda la información que necesita para seguir teniendo una dieta saludable y al mismo tiempo cuidar de su Muladhara.

Cuando termine con este libro, será realmente un experto en chakras raíz. Sabrá cómo equilibrar su chakra raíz y estará listo para pasar a comprender los demás chakras de su cuerpo.

Entonces, ¿a qué espera? Ahora que conoce su chakra raíz, ¡solo le queda pasar la página y seguir leyendo!

Capítulo 2: Cuando su chakra raíz está bloqueado

El chakra raíz representa todo lo que nos mantiene con los pies en la tierra. Cuando empezamos a sentirnos descolocados, demasiado ansiosos, nerviosos o un poco al aire y huidizos, significa que nuestro chakra raíz está bloqueado, y hay que hacer algo inmediatamente para rectificarlo. Lo que se necesita para sentirse con los pies en la tierra tiende a variar de un individuo a otro, y a veces puede ser una cuestión de satisfacer las necesidades básicas requeridas para la supervivencia: alimentación, un techo sobre la cabeza, buenos amigos, etc. Para otros, puede tratarse de una necesidad emocional intensa que no se satisface y que se siente amorfa e intangible para explicar a los demás.

Un chakra bloqueado puede ser la causa de que se sienta estresado
https://pixabay.com/es/photos/desesperado-pensar-estresado-5011953/

La sensación de seguridad emocional puede ser tan importante como la seguridad física para algunos, mientras que, para otros que tienen una mentalidad más práctica, puede no ser lo más esencial. En todos los casos, una vez que siente que le han barrido la alfombra metafórica, pierde el equilibrio y todo lo que le ayuda a sentirse con los pies en la tierra. Esta vívida sensación significa que su chakra raíz no solo se ha desajustado, sino que está bloqueado, lo que creará otros problemas que repercutirán en usted emocional y físicamente. Este capítulo está dedicado a explorar más a fondo estas sensaciones y le ayudará a revelar cómo hacer el duro trabajo de deshacer parte del daño.

Causas y síntomas

En la introducción se han mencionado algunas ideas para ayudar a esbozar por qué puede bloquearse un chakra. Sin embargo, podría ser útil iluminar más exactamente por qué y cómo el chakra Muladhara puede estar bloqueado, para que pueda sentirse más capacitado para saber qué hacer al respecto. Del mismo modo, también será útil delimitar las líneas entre un chakra bloqueado o uno que simplemente está hiperactivo, ya que suele haber algunas diferencias sutiles pero perceptibles entre ambos.

A estas alturas, ya entenderá que un chakra raíz que está en buena forma y equilibrado induce sentimientos de paz, seguridad y estabilidad emocional. Puede que haya estado muy zen, y no se sentirá al límite, ni triste, ni experimentará estados emocionales extremos. Por el contrario, un chakra Muladhara hiperactivo se pondrá en marcha cuando sienta que no se satisfacen las necesidades básicas que requiere para sobrevivir y sentirse cómodo. Todo, desde los sentimientos abrumadores de inseguridad, el hambre y simplemente el dolor físico, le desconcertará, dejándole con ansiedad y miedo. Para algunas personas, puede incluso contribuir a dolencias físicas como dolor de espalda, problemas de próstata, etc.

Un chakra bloqueado también puede tener un efecto debilitante, pero puede atacar de forma menos agresiva en comparación con uno hiperactivo. Suponga que se encuentra sintiéndose inmovilizado, con su capacidad de concentración disparada al infierno, o completamente desconectado de sus seres queridos y de las experiencias que le rodean. En ese caso, definitivamente tiene un chakra bloqueado que necesita ser resuelto.

Una ilustración del mundo real de estas diferencias puede ayudarle a comprender mejor cómo abordar cada escenario y reconocer los síntomas que lo acompañan. Por ejemplo, un individuo -llamémosle Matt- tiene desde hace tiempo una relación tóxica con sus hermanos. Son una familia numerosa, por lo que la dinámica entre los distintos hermanos varía, además de las relaciones con sus padres. Entre Matt y sus hermanos suele haber muchas disputas: es cierto que algunos son amables y comprensivos, pero otros son manipuladores y competitivos. A medida que crecen, cada uno se casa y tiene un hogar propio, pero las disputas internas surgen cuando surge una pelea por una herencia no reclamada. El dinero es uno de los problemas y puede ser estresante, sobre todo porque las finanzas de Matt están en una situación un poco difícil debido a la pandemia.

Sin embargo, lo que hace que todo sea mucho peor es la cantidad de mala energía y manipulación tóxica que surge, con sus hermanos atacándose unos a otros y creando conflictos para asegurarse su parte del dinero. Matt se encuentra distraído e incapaz de concentrarse en el trabajo. Tiene problemas para dormir y se siente un poco perdido, como si hubiera hecho una regresión, como un niño confundido que se ha quedado solo en el bosque. Tarda un tiempo en salir de este embotamiento y aún más en que la gente aprenda a sentir la suficiente empatía como para salir de su caso. Matt se da cuenta de que, si no se pone al día, su distanciamiento puede obstaculizar aún más su capacidad para trabajar y mantener a su familia.

Además, los insultos empiezan a calar más hondo y le impiden sentirse seguro en su propia piel. Es entonces cuando empieza a sentirse ansioso, asustado y confundido. El estrés es tan intenso que empieza a desarrollar diversos problemas de salud, y su cuerpo no es capaz de funcionar de la misma manera. De hecho, empieza a sentir como si su cuerpo también se revelara contra él cuando se encuentra en el médico buscando tratamiento para su dolor de espalda y sus incipientes migrañas.

En el escenario brevemente esbozado más arriba, está claro que la primera reacción de Matt es una que está informada por un chakra raíz bloqueado: una incapacidad para concentrarse y soñar despierto más de lo habitual le afecta. Afecta a su capacidad de sentirse enraizado y seguro, que son síntomas clásicos de un chakra bloqueado.

Sin embargo, a medida que el drama familiar se calienta, empieza a sentirse cada vez menos seguro, más asustado y profundamente alterado. Su sistema se pone en marcha y comienza a experimentar los síntomas de un chakra raíz hiperactivo que son difíciles de calmar. Esperemos que este ejemplo le ayude a ilustrar las diferentes formas en que alguien puede experimentar un chakra raíz que no está correctamente equilibrado y a comprender cómo un escenario puede pasar a otro sin problemas, incluso en el mismo individuo.

Por supuesto, las cosas que se necesitan para que alguien se sienta seguro y protegido variarán, y no todo el mundo reaccionará de la misma manera en una situación determinada. Al mismo tiempo, puede identificar claramente las formas en que pueden manifestarse los diferentes síntomas físicos y emocionales una vez que el chakra raíz se desajusta. Al comprender las causas de su incapacidad para sentirse con los pies en la tierra, podrá encontrar una solución para el chakra raíz y cómo equilibrarse más con el tiempo.

Para ilustrar mejor cómo puede afectarle el chakra raíz, puede ser útil enumerar rápidamente algunos de los síntomas más comunes y su impacto en su vida. El chakra raíz es, al fin y al cabo, el centro que mantiene unidos todos los pensamientos y sentimientos que tiene sobre sí mismo, e informa sobre su autoestima por encima de todo. Cualquier problema que pueda sentir se deriva de esto, por lo que permanecer atento a su cuerpo es sumamente útil:

Además de los problemas de próstata, un chakra raíz desequilibrado puede afectar a la salud de su colon y a su vejiga. Beber té de hierbas y meditar son muy recomendables en ese caso.

- La inflamación en todo el cuerpo es otro gran problema. Puede encontrar que su intestino se siente un poco hinchado y no puede disfrutar de la comida con normalidad. O los nervios de sus muñecas están inflamados y no puede teclear con normalidad. Este es un signo clásico de un chakra desequilibrado que necesita una combinación de atención médica y un restablecimiento consciente a través de prácticas saludables como el yoga.

- Los calambres y el dolor en el brazo o el pie izquierdo son otras dolencias comunes que la gente suele sufrir cuando el chakra raíz experimenta turbulencias. Por supuesto, un profesional de la medicina debe atender de inmediato todo lo relacionado con el brazo izquierdo. Además, es una clara señal del universo de que necesita frenar un poco las cosas y ser más consciente de cómo reacciona su cuerpo ante determinadas situaciones.

- Sentirse al límite o ansioso es otro síntoma común, pero si lo deja sin tratar, puede desarrollar un trastorno de ansiedad completo. Esto puede ir acompañado de ataques de pánico, ataques de depresión, etc. El chakra raíz está fuertemente conectado con cualquier cosa que afecte a su salud mental, por lo que dejarlo inactivo durante mucho tiempo seguramente hará que las cosas sean más difíciles de remediar más adelante. Por supuesto, el tratamiento con un profesional de la salud mental es clave, pero adoptar otras medidas para cuidar su salud mental, como la meditación, el yoga y otras prácticas de autocuidado, le ayudarán a sanar su chakra raíz con el tiempo.

Cuando tenga dudas

Ya ha leído todo lo que hay aquí, y tal vez le parezca claro. O quizás no tanto. Tal vez dude de sí mismo y no tenga claro hasta qué punto el chakra raíz puede estar apagado. ¿Se trata de otro chakra, o simplemente está teniendo un mal día? Parte del trabajo que está haciendo para usted aquí es darse la oportunidad de escuchar a su cuerpo y averiguar las cosas, lenta y deliberadamente. A la luz de esto, realizar un breve cuestionario podría ser un paso útil. No se preocupe; no se trata de un cuestionario cursi al estilo de las revistas femeninas que se hace mientras espera la cita con el dentista. Considere el cuestionario como una herramienta vital en este cuaderno de trabajo para ayudarle a dar sentido a las cosas y hacer un balance de dónde se encuentra en este momento.

1. De estos colores, ¿cuál le resulta más molesto en este momento?

- Rojo
- Naranja
- Azul

- Negro

2. ¿Cómo describiría su personalidad en general?

    - Cariñoso
    - Alegre
    - Conectado a la tierra
    - Sabio

3. ¿Cuál de estas palabras describe mejor su estado emocional actual?

    - Nervioso
    - Triste
    - Feliz
    - Enfadado

4. ¿Cómo se siente respecto a sus finanzas?

    - Bien
    - Podría ganar más dinero
    - Se siente inseguro
    - Contento con lo que posee actualmente

5. ¿Cómo afronta actualmente los sentimientos negativos que pueda tener?

    - Yendo de compras
    - Leyendo
    - Escuchando música
    - Manteniéndose a solas e ignorando los mensajes o las llamadas telefónicas durante un tiempo

6. Describa su enfoque de la comida:

    - Como aunque no tenga hambre
    - No puedo comer en absoluto y evito la comida a menos que sea necesario
    - Me tomo el tiempo para cocinar y preparar la comida de forma saludable

- Ayudo a preparar la comida para mi pareja/hijos/etc., pero no tengo energía para hacer nada para mí.

7. ¿Qué afirmación describe cómo se siente sobre el futuro?

- Me siento ansioso

- No puedo pensar en el futuro; mi mente se siente en blanco

- Soy optimista

- Me encuentro pensando en el futuro de otras personas (hijos, pareja, etc.), pero no en el mío

8. ¿Cómo describiría sus niveles de energía?

- Adecuados

- Flojos

- Evitando eventos importantes o funciones de trabajo

- Encontrando difícil hacer incluso las tareas más sencillas (cambiarse de ropa, cocinar, limpiar, etc.)

9. Cuando conoce a una nueva persona, ¿cómo se siente?

- Siente que puede compartir abiertamente sus gustos y disgustos

- Se siente totalmente seguro de su personalidad

- Se deja influir fácilmente por las opiniones de los demás

- Prefiere escuchar y quedarse callado en lugar de involucrarse en diferentes niveles de conversación

10. ¿Cuál de estas afirmaciones describe mejor cómo se siente con respecto a su carrera?

- Descontento y sin saber cuáles son mis aspiraciones profesionales

- El trabajo está bien, pero quizá no gane suficiente dinero

- No trabajo lo suficiente, así que he perdido ese ascenso

- Quiero cambiar de carrera, pero me siento abrumado

11. Describa su relación con los demás

- La gente no respeta sus límites

- Se siente como un felpudo, pero no sabe por qué

- Es capaz de expresar sus necesidades a los demás de forma saludable y no recibe la respuesta de las personas de su vida
- Siente que todo el mundo es manipulador y que va a por usted

12. ¿Qué afirmación describe mejor su relación con la tierra?

- Me siento conectado a la naturaleza y me preocupa el cambio climático
- Disfruto de la naturaleza, pero no me atrevo a salir estos días
- No puedo encontrar la paz en la naturaleza; me pone nervioso
- Me siento desconectado y no albergo ninguna asociación negativa o positiva con la tierra

13. ¿Qué afirmación describe mejor su relación con los grupos?

- Me siento cómodo en los grupos y disfruto conociendo gente nueva
- Solía sentirme cómodo en los grupos, pero ahora trato de evitarlos
- Los grupos me producen ansiedad
- Me siento inseguro en los grupos y no confío fácilmente en la gente nueva

14. Si confronta emociones excesivamente negativas, ¿con qué frecuencia se siente abrumado?

- Todo el tiempo
- Solo ante determinadas situaciones desencadenantes
- Rara vez
- Aunque me sienta abrumado, intento incorporar métodos calmantes para ayudar a mitigar parte del dolor

15. ¿Sufre problemas de salud recurrentes? Escriba lo que pueda en el espacio siguiente.

Clave

Así pues, este es un cuestionario bastante sencillo, y probablemente pueda deducir de la información que aparece arriba los distintos problemas que podría estar sufriendo. También debería ayudarle a darse cuenta de la gravedad de la situación y de si necesita o no una intervención inmediata. La primera pregunta sobre el color puede parecer un poco confusa, pero ayuda a preparar el terreno: si el color rojo es el que más le molesta, es un claro indicio de que su chakra raíz está apagado. El naranja es otro fuerte indicador de que no se siente bien, pero los efectos sobre usted pueden ser más suaves. Muchos de estos sentimientos están en una escala, pero si se encuentra respondiendo más de lo habitual en el sentido negativo más extremo, debería intentar elaborar un plan de acción que le ayude a mitigar lo peor de sus síntomas. Para ayudarle a hacerlo, intente llevar un diario de los diferentes acontecimientos o anécdotas que le han llevado a sentirse incómodo o enfermo. Una vez que lo tenga todo escrito y claro delante de usted, podrá abordar los problemas uno por uno. Es un trabajo duro, pero es factible, y es importante recordar que no debe hacerlo todo por su cuenta. Acudir a un médico de cabecera y a un profesional de la salud mental es, sin duda, una forma de comenzar la curación y de empezar a alinear sus chakras para lograr una sensación de ser más equilibrada.

Alterar su mentalidad

El chakra raíz es fundamental para ayudarnos a formular una fuerte conexión con la tierra que tenemos debajo. Sin él, no podremos aprovechar toda nuestra energía tanto mental como físicamente. Un chakra bloqueado -o uno hiperactivo- nos hace perder la claridad y la confianza en nuestras elecciones y acciones. Como tal, tiene un tremendo impacto en nuestra salud y bienestar, y su influencia no puede ser exagerada. Una vez que nos desvinculamos del paisaje que rodea a las personas que pueblan nuestras vidas, acabamos perdiendo el sustento emocional y espiritual que necesitamos para sobrevivir. Esto puede referirse a cualquier necesidad espiritual que le ayude a mantenerse a flote, o incluso a las necesidades prácticas cotidianas que afectan a su capacidad para desenvolverse con normalidad en la vida diaria.

Por esta razón, alterar la mentalidad es absolutamente crucial para tratar de equilibrar los chakras. Hay que tener en cuenta que todos los habitantes del planeta, sin excepción, están pasando por algún tipo de reajuste importante para responder a las tensiones de la vida contemporánea. Naturalmente, el hecho de vivir una pandemia mundial, las subsiguientes repercusiones económicas, las llamadas sin respuesta a la justicia social y el malestar político harán surgir un sinfín de problemas. La gente se está reencontrando con la tierra y las energías que se alimentan de ella, así que tiene sentido que muchos estén intentando realinear sus chakras. La mayoría de las luchas que está experimentando actualmente en la incapacidad de satisfacer sus necesidades y ayudar a los demás a alcanzar ese mismo objetivo se reducen a chakras bloqueados que necesitan ser reactivados.

Lamentablemente, sentirse constantemente víctima o experimentar una incapacidad para confiar en los demás es tan frecuente en estos días que se ha convertido en una característica permanente de nuestro discurso político. ¡Ojalá más gente intentara desbloquear sus chakras! Dejando a un lado las bromas, muchos de los problemas que uno experimenta como individuo pueden acabar afectando a los demás en su órbita. Por mucho que intentemos autoaislarnos o tratarnos como islas en sí mismas, otras personas se verán afectadas por nuestro comportamiento o nuestra incapacidad para ser conscientes. Alterar su mentalidad y volverse más centrado y consciente de sus acciones le ayudará a difundir la positividad en otras áreas de su vida, minimizando el dolor, algo que el mundo necesita un poco más ahora. Confiar en que merece tener cubiertas sus necesidades básicas no es un acto egoísta; de hecho, puede animar a otras personas a hacer lo mismo o a pedir a otras personas a las que quiere que den prioridad a los hábitos saludables, lo cual es definitivamente algo bueno.

Capítulo 3: Cómo meditar sobre su raíz

Ahora que ha conocido los síntomas de un chakra raíz bloqueado y sus causas, hablaremos del método principal para equilibrar su Muladhara. La meditación es una de las formas más seguras de abrir su chakra raíz. Incluso si nunca ha practicado la meditación, probablemente esté familiarizado con sus numerosos beneficios. Le ayuda a estar atento, concentrado y consciente de sí mismo, al tiempo que mejora su estado de ánimo y reduce el estrés y la ansiedad. La meditación puede ser una gran ayuda para controlar los síntomas de la depresión, mantenerle tranquilo y relajado, mejorar su memoria, aumentar su autoestima, convertirle en una persona más amable y abrir y equilibrar el chakra raíz, ya que se centra en la curación del cuerpo y la mente. La meditación también tiene muchos beneficios físicos, como reducir la presión arterial, mejorar su inmunidad, ayudarle a manejar el dolor, reducir los síntomas del síndrome premenstrual, mejorar la digestión y potenciar su metabolismo para que pueda perder o controlar su peso. No es una exageración decir que los beneficios de la meditación son infinitos.

La meditación ayuda a equilibrar su chakra raíz
https://unsplash.com/photos/rOn57CBgyMo

¿Qué es la meditación?

La meditación es una antigua tradición que se originó en el Valle del Indo (en la actual India). Consiste en practicar ciertos movimientos corporales que le ayudan a relajarse y a concentrarse en el momento presente. A medida que más y más personas empezaron a fijarse en la meditación, las noticias sobre sus beneficios recorrieron el mundo, y ahora se ha convertido en una de las prácticas más populares para aliviar el estrés y ponerse en forma.

La meditación es una actividad muy sencilla, ya que se centra principalmente en la respiración y no requiere mucho esfuerzo. Sabemos que muchas películas han mostrado que la meditación se practica en templos o montañas alejadas del resto del mundo. Sin embargo, usted puede meditar fácilmente en su dormitorio porque todo lo que necesita es un lugar tranquilo y sin distracciones.

La constancia es la clave para cosechar los numerosos beneficios de la meditación y, por esta razón, debería incorporarla a su rutina diaria. Muchas personas llevan un estilo de vida muy ajetreado y tienen una agenda muy apretada, pero todo lo que necesita son unos minutos cada día. Algunas personas prefieren meditar por la mañana temprano porque no hay distracciones como llamadas telefónicas, niños o ruido exterior. Así que intente levantarse 10 o 20 minutos antes cada día. Puede estar solo, en paz, concentrándose en su respiración. Hay otras personas que prefieren meditar antes de acostarse, lo que también puede mejorar su patrón de sueño. Puede meditar en el trabajo, en su oficina, o al aire libre durante la pausa para comer. También puede meditar mientras hace ejercicio, mientras realiza sus tareas, mientras camina en el autobús o si está atrapado en el tráfico. Siempre hay tiempo en su día para meditar; solo tiene que tomárselo en serio y comprometerse con ello. Hágala una prioridad y trátela de la misma manera que lo haría con una cita con el médico. Todo lo que necesita son unos minutos cada día. También puede utilizar una aplicación de meditación que le recuerde e incluso le guíe en su sesión de meditación. Una vez que incorpore la meditación a su horario diario, se convertirá en un hábito que no podrá romper, especialmente cuando empiece a sentir sus beneficios en su salud física y mental.

Beneficios de la meditación en el chakra raíz

"Al inspirar, calmo el cuerpo y la mente. Exhalando, sonrío. Permaneciendo en el momento presente, sé que este es el único momento". - Thich Nhat Hanh

Las prácticas de meditación específicas se dirigen al chakra raíz como conducto de la energía curativa. La meditación del chakra raíz puede ayudarle a dormir mejor por la noche, ya que calma su mente y libera emociones negativas como la pena, el miedo, la ansiedad o la ira, haciéndole más optimista y optimista. Además, mejora sus relaciones y le hace más empático con las necesidades de los demás; también le proporciona autoaceptación, le permite disfrutar de la vida y le hace más consciente.

Ejercicios de meditación guiada para abrir Muladhara

En esta parte del capítulo se comentarán varios ejercicios de meditación para desbloquear, sanar y equilibrar su chakra raíz. Es vital que siga las instrucciones al pie de la letra para obtener lo mejor de cada ejercicio. Cuando realice cualquier ejercicio de meditación, asegúrese de elegir un lugar tranquilo para practicar sin distracciones y de apagar el teléfono. También debe asegurarse de que el entorno es cómodo para que pueda calmar su cerebro y relajar su cuerpo.

Siéntese siempre en una posición cómoda, preferiblemente en el suelo, ya que su chakra raíz se encuentra en la base de la columna vertebral, por lo que podrá sentirse con los pies en la tierra. Asegúrese de sentarse con la espalda recta. Si quiere estimular el Muladhara, puede escuchar música curativa. Como estará sentado sin moverse, su mente puede divagar. Sin embargo, es mejor no ignorar ni detenerse en estos pensamientos; simplemente reconózcalos y vuelva a centrarse en su respiración.

Ahora vamos a darle las técnicas de meditación de enraizamiento que le permitirán conectar con la Tierra y activar su chakra raíz.

Ejercicio de meditación de enraizamiento #1

1. Encuentre un lugar tranquilo.
2. Siéntese en una posición cómoda con las piernas cruzadas, preferiblemente sobre una esterilla de yoga (si no puede sentarse en el suelo, puede hacerlo sobre un cojín o una silla).
3. Siéntese con la espalda recta.
4. Coloque las dos manos sobre las rodillas con las palmas hacia arriba.
5. Puede utilizar el gesto Gyan Mudra haciendo que el dedo índice y el pulgar se toquen de forma que formen un círculo, o puede optar por el Dhyana Mudra colocando ambas manos sobre el regazo con las palmas hacia arriba y ambos pulgares tocándose la punta.
6. Asegúrese de que todo su cuerpo está relajado, incluso los músculos faciales.
7. Cierre los ojos.
8. Inspire profundamente por la nariz.
9. Sienta cómo el aire llena su vientre y llega a su Muladhara.
10. Ahora, visualice que hay luz roja en su chakra raíz (la base de la columna vertebral).
11. Al inhalar, visualice que la bola roja crece.
12. Deje que desbloquee su energía.

13. Cada vez que inhale, imagine que la luz crece.

14. Imagínese que la luz llega a sus pies para mantenerle con los pies en la tierra.

15. Ahora está conectado a la Tierra.

16. Sienta su energía moviéndose a través de usted.

17. Visualice la luz roja moviéndose hacia los huesos de la cadera y las piernas.

18. Visualice la bola de luz roja emitiendo energía para sanar su cuerpo.

19. Siente que sus músculos se relajan.

20. Su sangre fluye por su cuerpo sin restricciones.

21. Está rodeado por la energía curativa de la luz roja mientras le contiene con su calor.

22. Respire profundamente desde su vientre cuatro veces.

23. La quinta vez, inspire profundamente y cante "LAM".

24. Exhale mientras extiende la "M".

25. Practique el ejercicio de respiración y de charla durante un par de minutos.

26. Poco a poco, empiece a respirar con normalidad.

27. Cuando termine de meditar, no se levante de inmediato. Quédese quieto y sea consciente de cómo se siente en el chakra raíz y en las piernas. Comience a mover diferentes partes de su cuerpo como los brazos, los hombros, los dedos de las manos y de los pies mientras se concentra en la sensación de cada parte de su cuerpo. Ahora abra lentamente los ojos y levántese.

Ejercicio de meditación de conexión a tierra #2

1. Encuentre un lugar tranquilo.

2. Siéntese en una posición cómoda.

3. Concéntrese en su chakra raíz.

4. Cierre los ojos.

5. Visualice su árbol favorito (si no tiene un árbol favorito, entonces visualice cualquier árbol).

6. Imagine el tronco del árbol creciendo desde su chakra raíz.

7. Inhale y exhale lenta y profundamente.

8. Ahora, siéntase enraizado y conectado a la Tierra.

9. Cada vez que exhale, imagínese desprendiéndose de las cosas que no necesita o que no le benefician.

10. Imagínese que estas cosas bajan al tronco del árbol y se liberan en la Tierra debajo de usted.

11. Cada vez que inspire, imagine que su cuerpo se nutre.

12. Repita la inhalación y la exhalación mientras visualiza el experimento mental antes mencionado de 5 a 10 veces.

13. Sienta que la Tierra está debajo de usted, apoyándole y abrazándole.

Ejercicio de meditación de conexión a tierra #3

1. Encuentre un lugar tranquilo.

2. Siéntese en una posición cómoda.

3. Siéntese con la espalda recta.

4. Relaje los hombros y los músculos desde la frente hasta los dedos de los pies.

5. Sienta cómo se abre su corazón.

6. Inspire y espire profundamente.

7. Sienta cómo el aire llena su vientre.

8. Concéntrese solo en su respiración.

9. Disminuya la velocidad de sus pensamientos.

10. Ahora lleve su atención a su chakra raíz.

11. Visualice una bola de luz roja en su Muladhara.

12. Esta luz roja le hace sentirse seguro.

13. Le hace sentirse en contacto con la Tierra que está debajo de usted.

14. La Tierra le apoya.

15. Está rodeado por todo el universo.
16. Sienta que la fuerza y la paz fluyen a través de usted.
17. Siéntase conectado con cada parte de su ser.
18. Visualice la energía que emite la luz roja.
19. Consuma esta energía y deje que le mantenga conectado a la tierra.

Meditación tranquilizadora

Esta meditación debe practicarse al aire libre, y es diferente de las que hemos mencionado hasta ahora porque estará caminando en lugar de estar sentado.

1. Encuentre un lugar tranquilo al aire libre.
2. Párese firmemente en el suelo.
3. Sienta la tierra bajo sus pies.
4. Ponga las manos en el pecho.
5. Respire profundamente 3 veces.
6. Retire lentamente la mano del pecho.
7. Comience a caminar lentamente.
8. Concéntrese en el momento presente y en cada paso que da.
9. Sienta la tierra debajo mientras da cada paso.
10. Respire profundamente a cada paso.
11. Sienta la energía de la Tierra fluyendo hacia usted. Repita estos pasos hasta que sienta que su energía cambia.

Meditación para sanar el Muladhara

Esta meditación también debe practicarse al aire libre, como en su patio o en un parque.

1. Encuentre un lugar tranquilo al aire libre.
2. Quítese los zapatos.
3. Póngase descalzo en el suelo.
4. Sienta la conexión entre usted y la Tierra a través de sus pies descalzos.
5. Asegúrese de que está de pie y recto.

6. Cierre los ojos.

7. Relaje los hombros.

8. Coloque los dos brazos a los lados.

9. Doble suavemente las rodillas.

10. Concéntrese en la planta de sus pies.

11. Sienta la energía entre sus pies y la Tierra.

12. Sienta que sus pies están firmemente plantados en el suelo.

13. Imagine una fuerza ascendente que le mantiene en su sitio.

14. Deje que su conciencia se mueva por su cuerpo.

15. Sienta cada parte de su cuerpo como si estuviera siendo sostenida por su base.

16. Cuando su conciencia llegue a la parte superior de su médula espinal. Visualice la coronilla de su cabeza separada de su cuerpo y siendo elevada hacia el cielo

17. Permanezca en este estado durante unos minutos.

Ejercicio de meditación mientras camina #1

Como ya hemos mencionado, puede incorporar la meditación a su rutina diaria. Puede practicar este ejercicio de meditación mientras hace una excursión, camina hacia el trabajo o hace recados.

1. Camine normalmente a su ritmo habitual.

2. Puede poner las manos sobre el vientre, a los lados o detrás de la espalda (opte por lo que le resulte más cómodo).

3. Cuente cada paso que da del 1 al 10, y luego vuelva a empezar desde el 1 (este paso es opcional).

4. Concéntrese en cómo se mueven sus pies al dar cada paso.

5. Sienta cómo se mueven sus piernas y cada parte de su cuerpo.

6. Dado que está caminando al aire libre, es posible que se encuentre con distracciones o que su mente divague. Esto puede ocurrir algunas veces, pero no debe dejar que le frustre, simplemente devuelva su atención a su forma de caminar.

7. Sea consciente del entorno que le rodea, y sienta todo.

8. Recuerde que está al aire libre, así que asegúrese de permanecer seguro.

9. Centre su atención en todos los sonidos que le rodean.

10. No intente identificar los sonidos ni se entretenga o moleste con ellos.

11. Limítese a notar los sonidos sin implicarse demasiado en ninguno de ellos.

12. Ahora concéntrese en lo que está oliendo.

13. Al igual que los sonidos, no intente identificar el olor ni sentir nada hacia él.

14. Ahora lleve su conciencia a su visión.

15. Observe los objetos y los colores que le rodean.

16. No deje que le distraigan, simplemente sea consciente de ellos (si algo le distrae, simplemente vuelva a su sentido de la conciencia).

17. No se distraiga, simplemente camine con naturalidad mientras es consciente.

18. Siga caminando mientras es consciente de su entorno y de todo lo que le rodea.

19. No está haciendo nada ni cambiando nada; solo está caminando mientras es consciente.

20. Permanezca en este estado durante unos minutos.

21. Al final de la meditación, vuelva a centrarse en la práctica. Sienta sus pies en el suelo y cómo se mueve su cuerpo con cada paso.

22. Cuando termine de meditar, quédese quieto durante unos minutos, e intente mantener esta sensación de conciencia con usted durante el resto del día.

Ejercicio de meditación mientras camina #2

1. Camine con normalidad durante unos 10 o 15 pasos (preferiblemente con pasos lentos).

2. Coloque las manos detrás de la espalda o a los lados (haga lo que le resulte más cómodo).

3. Ahora deténgase y comience a respirar normalmente durante un par de minutos (o durante el tiempo que le parezca).

4. Siga caminando durante unos pasos.

5. Deténgase y vuelva a respirar.

6. Repita estos pasos durante el tiempo que desee.

7. Con cada paso, sienta cada movimiento de sus pies, como cuando levanta el pie o cuando toca el suelo.

8. Concéntrese en su respiración y en el movimiento de sus pies en el suelo.

9. Cuando su mente divague, vuelva a centrarse en su respiración y en su forma de caminar.

Ejercicio de meditación durante los desplazamientos #1

Pasamos mucho tiempo en autobuses, trenes o en nuestros coches. A veces podemos sentirnos estresados, especialmente cuando estamos atrapados en el tráfico. Para relajarse y disfrutar de su viaje al trabajo, practique la meditación consciente. Es importante tener en cuenta que debe garantizar su seguridad mientras la realiza. Este ejercicio debe practicarse mientras conduce.

1. Ponga su teléfono en silencio.

2. Apague su radio.

3. Cierre las ventanas para evitar distracciones.

4. Comience por respirar profundamente.

5. Sea consciente del silencio y de su entorno.

6. Concéntrese en lo que le rodea mientras conduce y mantenga los ojos en la carretera.

7. No quite nunca los ojos de la carretera (esto es vital para su seguridad).

8. Utilice su visión periférica para ser consciente de su entorno.

9. Sea consciente del paisaje, los sonidos y las vistas mientras está en la carretera.

10. Preste atención a su conducción y a lo que hace cada parte de su cuerpo.

11. Sienta sus pies en los pedales.

12. Sienta sus manos en el volante.

13. Sienta la sensación de estar en el asiento del conductor.

14. Ahora note cómo se siente en cada parte de su cuerpo (¿Le duele la cabeza? ¿Tiene los hombros tensos?)

15. Ahora sienta que todo el dolor, la tensión y el estrés abandonan su cuerpo.

16. Mientras conduce, puede que se quede atascado en el tráfico, o que alguien le corte el paso (si esto ocurre, tiene que ser capaz de identificar todos sus sentimientos en este mismo momento. ¿Se siente enfadado, ansioso o frustrado?)

17. Intente comprender por qué siente estas emociones negativas.

18. Una vez que comprenda por qué está reaccionando de esta manera, es muy posible que se produzca un cambio en su perspectiva, y que empiece a sentirse diferente y a optar por una actitud más positiva.

19. Cuando detenga el coche en una señal de stop o en un semáforo, respire profundamente para calmarse.

20. Siempre que su mente divague, tráigala de vuelta al momento presente.

Ejercicio de meditación durante los desplazamientos #2

Este ejercicio de meditación se practica en el transporte público.

1. Puede estar sentado o de pie.

2. Puede mantener los ojos abiertos o cerrados (si cierra los ojos, asegúrese de que su entorno es seguro).

3. Concéntrese en su respiración.

4. Sea consciente de los sonidos que le rodean, de cómo se siente su cuerpo y de los movimientos del vehículo.

5. Preste atención a las personas que le rodean.

6. Al igual que usted, ellos también pueden estar experimentando algo interno.

7. Esto le ayudará a conectar con ellos y a sentirse menos aislado.

Consejos y trucos de meditación que todo principiante debería conocer

1. Puede grabarse leyendo la meditación guiada mencionada aquí y escucharla cuando esté solo.

2. Si es un principiante, le recomendamos que practique un par de minutos todos los días durante una semana y que continúe a partir de ahí.

3. Haga de la meditación un ritual matutino.

4. No se frustre ni se enfade con los pensamientos que se le presentan cuando está meditando. Todo lo que sienta o piense mientras medita forma parte de usted, así que trátelo con amor y amabilidad.

5. Observe cómo se siente durante cada sesión de meditación.

6. No luche contra sus pensamientos y simplemente traiga su mente de vuelta cuando esta divague.

7. Practique la gratitud después de cada meditación y termine con una sonrisa.

8. Utilice la tecnología para ayudarle, como las aplicaciones de mediación.

9. Puede que a veces le cueste meditar. No se frustre; eso ocurre. Sea amable y paciente consigo mismo.

10. Intente hacer algunos estiramientos antes de la meditación.

11. Puede escuchar música mientras medita.

12. Para hacer un seguimiento de su progreso y experiencia, lleve un diario para anotar sus sentimientos y pensamientos antes y después de cada sesión.

13. Después de terminar cada sesión, tómese unos minutos para quedarse quieto y sentir todas las nuevas sensaciones de su cuerpo. También puede hacer algunos estiramientos o escribir en su diario para concluir la sesión de mediación.

Capítulo 4: Mantras y afirmaciones del Muladhara

En este capítulo, vamos a hablar de los mantras y las afirmaciones y de su papel en la apertura de su chakra raíz. Mucha gente piensa que las afirmaciones y los mantras son lo mismo, pero ambos son diferentes. Así pues, echemos un vistazo a los mantras y las afirmaciones y a la diferencia entre ellos.

¿Qué son los mantras?

Mantra no es una palabra inglesa; de hecho, deriva de dos palabras sánscritas (una antigua lengua hindú), "manas" y "tra", que significan mente y vehículo, respectivamente. Los mantras son sonidos, palabras o frases que uno se repite a sí mismo para mantenerse concentrado. Se consideran herramientas para nuestra mente lo suficientemente poderosas como para calmar nuestros pensamientos, de modo que podamos meditar o practicar yoga. Si está ansioso, deprimido o abrumado de pensamientos, cantar mantras puede ser una gran herramienta para la meditación, especialmente para los principiantes. Los mantras también ayudan a desplazar nuestra conciencia hacia nosotros mismos para que podamos centrarnos en nuestro interior.

La repetición de mantras tiene un gran impacto en la forma en que pensamos y sentimos, y pueden influir en la forma en que vivimos nuestra vida. La práctica de la repetición de mantras también puede reducir el estrés y la ansiedad, hacer que sea más consciente de sí mismo y tenga más compasión, que esté más tranquilo, que mejore su concentración, que le proporcione una mejor perspectiva de la vida y que mejore su estado de ánimo.

¿Qué son las afirmaciones?

Las afirmaciones son enunciados que pueden ser cortos y sencillos, pero que tienen mucho poder. Son frases que se centran en los objetivos que quiere alcanzar, y repetirlas le motiva a pasar a la acción. Cuanto más diga estas afirmaciones, más empezará a creer en ellas. Se quedan grabadas en su subconsciente y son tan poderosas que se encuentra cambiando su comportamiento y pasando a la acción para conseguir esos objetivos. Las afirmaciones pueden alterar su forma de pensar y sustituir los pensamientos negativos por los positivos.

Muchos de nosotros no sabemos que tenemos más pensamientos negativos que positivos a lo largo del día, lo que puede dañar nuestra salud mental. Las afirmaciones le ayudan a ser consciente de la negatividad de su mente, de modo que empieza a pensar activamente en positivo, expulsando poco a poco los pensamientos negativos de su cabeza.

Tienen muchos beneficios, como cambiar sus patrones de pensamiento, su comportamiento y su forma de ver el mundo que le rodea. También le motivan y le ayudan a mantenerse centrado en sus objetivos. Además, las afirmaciones aumentan su energía y positividad y le motivan a cambiarse a sí mismo y a la forma de vivir su vida. También se encontrará más feliz al sustituir sus pensamientos negativos por otros positivos y apreciará más las cosas más sencillas de la vida. Su salud también prosperará porque llevar una vida positiva y feliz es bueno para la salud de su corazón y puede reducir el riesgo de derrames y ataques cardíacos.

Afirmaciones vs. Mantras

Como se ha mencionado anteriormente, mucha gente confunde las afirmaciones y los mantras. Las afirmaciones son frases cortas positivas que ayudan a cambiar sus patrones de pensamiento. Suelen ser afirmaciones que usted se dice a sí mismo y sobre sí mismo, como afirmar algo bueno sobre sí mismo o algo que espera ser o conseguir. Por otro lado, los mantras son sonidos o palabras que tienen una vibración específica que le permite crear una relación y armonía con el universo.

Puede decir sus afirmaciones en cualquier momento y lugar, y decirlas una vez o repetirlas 100 veces. Los mantras deben pronunciarse en ocasiones específicas, como mientras medita o practica yoga. Puede decir sus mantras una vez, no es necesario repetirlos, y solo debe concentrarse en ellos.

Tanto las afirmaciones como los mantras pueden curar un chakra raíz bloqueado liberando energía curativa que puede equilibrar su chakra raíz, y los mantras pueden aumentar su energía y hacerle sentir seguro.

Afirmaciones

En esta parte, vamos a proporcionarle afirmaciones que le ayudarán a abrir su chakra raíz, pero primero, tenemos que proporcionarle consejos sobre cómo utilizar las afirmaciones.

1. No exprese sus afirmaciones en tiempo pasado o en futuro; usted quiere que las cosas sucedan ahora, así que utilice siempre el tiempo presente.

2. Haga que las afirmaciones formen parte de su rutina diaria y establezca un tiempo para repetirlas cada día. Puede repetirlas en cualquier momento del día y donde quiera.

3. Utilice palabras y pensamientos positivos. Crea que lo que desea se está realizando, lo que influirá en sus pensamientos y le hará creer que, pase lo que pase, lo conseguirá.

4. No utilice afirmaciones sobre cosas de las que no esté seguro, ya que la duda sobre sí mismo le impedirá alcanzar su objetivo.

5. Lo mejor es repetir la afirmación en voz alta mientras se mira al espejo.

6. También puede escribirlas o decirlas en su cabeza.

Afirmaciones para abrir su chakra raíz

- Estoy preparado para alcanzar mis objetivos.
- Estoy sano y lleno de vida.
- Siento la tierra bajo mis pies.

- Estoy conectado con cada parte de mi cuerpo.
- Soy uno con la Tierra.
- Trato mi cuerpo con amor y respeto.
- Estoy abierto a nuevas oportunidades.
- El mundo es mi hogar.
- Sé que soy suficiente.
- Merezco ser amada y cuidada.
- Soy auto disciplinado.
- Mi cuerpo es mi hogar.
- Amo mi cuerpo.
- Tengo los pies en la tierra.
- Soy sabio y confío en mí mismo.
- Soy independiente.
- Estoy segura.
- Me merezco estar aquí.
- Tengo todo lo que necesito.
- Merezco respeto.
- Estoy agradecida por la fuerza de mi cuerpo, mi mente y mi alma.
- La Madre Tierra alimenta mi cuerpo y mi alma.
- El universo me guía y confío en él.
- La Madre Tierra satisface mis necesidades.
- Tengo seguridad económica.
- La Tierra me protege.
- Soy responsable de mi propia felicidad.
- Mi cuerpo florece.
- Vibro con energía positiva.
- Exhalo y suelto el miedo y la ansiedad.
- Me libero del miedo y de las dudas.
- Mi vida se basa en el amor, la paz y la confianza.

- Mi cuerpo está sano.

- Me siento protegido y seguro.

- No estoy apegado a nada que no me sirva.

- Mi chakra raíz está abierto.

- La vida es buena.

- Pertenezco a este lugar.

- Atraigo energía positiva.

- Mi cuerpo me hace y me mantiene seguro.

- En la quietud, encuentro consuelo.

- Merezco sentirme seguro.

- Siempre tengo los pies en la tierra, incluso cuando mi mundo se desmorona.

- Estoy firmemente arraigada a la Tierra que está debajo de mí.

- Cuido mi cuerpo.

- Creo que hay algo bueno en el mundo.

- Mis necesidades siempre están cubiertas.

- Las personas de mi vida me apoyan.

- Mi vida sigue mejorando.

- Estoy donde se supone que debo estar.

- Sigo construyéndome a mí mismo; nada me romperá.

- No vivo con miedo.

- Siempre estoy en paz.

- Estoy despierto.

- Estoy tranquilo.

- Soy feliz.

- Estoy alimentado.

- Soy valiente.

- Soy rico.

- Soy firme.

- Soy fuerte.
- Tengo éxito.
- Soy agradecido.
- Estoy contento.
- Tengo el control.
- Soy estable.
- Inspiro la confianza y expulso la duda y el miedo.
- Mi energía se eleva con el sol cada día.
- Mi cuerpo apoya mi bienestar.
- Mi cuerpo es un lugar seguro donde mi espíritu florece.
- Admiro mi tranquilidad y calma en el caos.
- Tengo todas las herramientas para convertirme en una persona de éxito.
- Soy capaz de cuidar de mí misma.
- Soy siempre mi yo más verdadero.
- Vivo el momento.
- Me siento capacitado.
- Respiro en paz.
- Confío en el plan del Universo para mí.
- El Universo me ama y me apoya, y aprecio todo lo que está haciendo por mí.
- Encuentro placer en vivir el presente.
- Tomo las decisiones correctas.
- Tengo todo lo que necesito para prosperar.
- Cada día ocurren cosas increíbles en mi vida.
- Confío en el tiempo; todo llegará en el momento adecuado.
- Mi cuerpo me cuida.
- Mi cuerpo es un templo.
- Estoy sano.
- Estoy bien.

- La energía radiante fluye a través de mí.
- Estoy orgullosa de la persona en la que me he convertido.
- Puedo construir mi propio mundo.
- Me siento seguro donde estoy.
- Creo belleza a mi alrededor.
- Mi mente es estable.
- Respeto mi cuerpo y lo trato bien.
- Me despierto con energía cada día.
- Soy perfecta tal y como soy.
- Agradezco la guía de la naturaleza.
- Creo en mí mismo.
- Soy abundante.
- Soy un árbol plantado en la tierra.
- Estoy completo.
- Cumpliré mi propósito en la vida.
- Mi cuerpo está sano.
- Tengo mucha confianza en mis propias capacidades.
- Amo mi vida.
- Puedo manejar cualquier cosa que la vida me depare.
- Todo está perfectamente bien en mi vida.
- Creo en la bondad de los demás.
- Cuido de mi cuerpo y mi cuerpo cuida de mí.
- Tengo fe en mí misma.
- Tengo en mí la capacidad de hacer grande mi vida.
- La fuerza de mis antepasados me da poder.

Aunque estas afirmaciones le ayudarán a abrir su chakra raíz, es probable que quiera crear las suyas propias para que le ayuden en situaciones personales. Le proporcionaremos consejos para crear las suyas propias.

Cómo crear sus propias afirmaciones

1. En primer lugar, debe reconocer sus pensamientos negativos, sentimientos, rasgos o cualquier cosa que le retenga y esté afectando a su autoestima. Es posible que tenga pensamientos como "no soy inteligente" o "no tengo lo necesario para tener éxito".

2. Escriba el pensamiento o rasgo negativo, lo que será terapéutico en sí mismo, sin dejar de ser objetivo sobre lo que ha escrito.

3. A continuación, puede tirar el trozo de papel para ayudar a deshacerse de estos pensamientos y prepararse para sustituirlos por otros positivos.

4. Ahora, usted elaborará sus propias afirmaciones creando afirmaciones que contradigan sus pensamientos negativos. Por ejemplo, si uno de sus pensamientos negativos es que no puede perder peso, cree una afirmación que diga: "Puedo perder peso y tengo las herramientas adecuadas para alcanzar el cuerpo que quiero".

5. Cuando lea su afirmación, se sentirá extraño al principio, lo cual es bastante normal. Usted ha estado consumido por pensamientos negativos durante tanto tiempo que se sentirá extraño cuando empiece a adoptar un patrón de pensamiento diferente.

6. Siga repitiendo sus afirmaciones y plantará la semilla de la positividad en su subconsciente y acabará viéndola crecer y su vida florecer.

7. Cuando cree su afirmación, no utilice lo negativo como "no lo hago, no puedo o no". Por ejemplo, en lugar de decir "no tengo miedo", diga "no tengo miedo".

8. Si no puede conectar con su afirmación o le resulta difícil creer en ella, puede optar por un tono menos firme como "Estoy dispuesto a creer que puedo perder peso" o "Estoy abierto a la idea de trabajar duro para conseguir el ascenso".

9. Más adelante puede cambiar sus palabras a un tono más firme y seguro de sí mismo, como se ha mencionado anteriormente.

10. Intente comenzar sus afirmaciones con las palabras "Yo soy".

11. Recuerde ser muy específico con sus objetivos y afirmaciones.

12. Siga repitiéndolas a lo largo del día y notará una gran diferencia en su vida.

Mantras

Mantra LAM

El mantra "LAM" está asociado con el chakra raíz. La vibración que se libera al repetir este mantra ayuda a sanar y desbloquear su Muladhara. Cantar el mantra LAM ayuda a enraizarle y conectarle con la tierra creando una frecuencia vibratoria que puede limpiar su chakra raíz.

LAM es un mantra Bija, y Bija es una palabra sánscrita que significa semilla. El Bija se refiere a mantras de una sílaba. No encontrará el significado o la traducción al inglés de ninguno de los mantras Bija. Todos los mantras Bija pueden cantarse en voz alta o en silencio y liberan poderosas vibraciones. LAM se pronuncia como lahm o luhm. En otras palabras, haga un sonido "ah" o "uh" al pronunciar la "a" en LAM.

Cante el mantra LAM siempre que necesite aumentar su energía. También le hará sentirse seguro y que pertenece al lugar donde está. Además, puede aumentar su autoestima, mejorar sus finanzas y proporcionarle prosperidad. Puede cantar este mantra durante la meditación guiada.

El mantra Vam

El mantra Vam también es un mantra Bija. Este mantra ayuda a aumentar su creatividad y su placer sexual. Puede cantarlo mientras medita.

Mantra del Rama

El mantra Ram se pronuncia tal y como se escribe. El canto de este mantra reducirá su ansiedad y aumentará su confianza en sí mismo. Puede cantarlo junto a mantras más largos.

Mantra del Yam

El canto de este mantra promueve el amor y la aceptación.

Mantra Ham

Este mantra ayuda a mejorar su capacidad de comunicación.

Mantra Aum

Este mantra ayuda a aclarar su propósito y purifica su fe.

Mantra Om

El mantra Om le hace estar atento y consciente física y emocionalmente. Al cantar el Om, puede encontrarse liberando varias sílabas y vibraciones.

- Anagata es una etapa que se experimenta al cantar Om. Se encontrará inmerso en un silencio total.

- La A se pronuncia como "aahhh", liberando este sonido desde el fondo de su garganta. Le ayuda a conectarse con su ser original.

- La M se pronuncia como "mmmm". Suelte este sonido con la boca cerrada y sentirá la vibración en su mente y en todo su cuerpo. Le hará ser uno con el universo.

- La U se pronuncia como "uuuh". Se asocia con la energía liberada del universo y de la mente. Se pronuncia desde la parte posterior de la lengua hasta los labios. Las vibraciones liberadas por este sonido proporcionan claridad y le mantienen equilibrado

Aham Prema

Aham Prema es diferente de los otros mantras que hemos mencionado, ya que tiene más de una sílaba. Se pronuncia como "ah-hem-prii-mah". El Aham Prema significa "Yo soy el Amor Divino". Se pronuncia fácilmente, y debe cantarse 108 veces. Cada uno de nosotros tiene amor divino en su interior. Cantar este mantra le ayudará a conectar con este amor. El mantra Aham Prema pondrá su alma, su mente y su cuerpo en un estado de calma y relajación. Comience su día cantando este mantra. Si, a lo largo del día, se encuentra estresado, cantar este mantra le ayudará a reducir su estrés y le pondrá en un estado de tranquilidad.

Om Mani Padme Hum

El Om Mani Padme Hum se pronuncia como "ohm-mah-nii-pahd-me-jaam". Es un mantra muy popular, principalmente porque es fácil de pronunciar y ha demostrado ser muy eficaz. Significa "Alabanza a la Joya del Loto". Según el Dali Lama, este mantra tiene un vasto y gran significado. Todas las enseñanzas de Buda se encuentran en este mantra. Es un mantra muy poderoso que nos hace sentir compasivos, relajados, realizados y menos obsesionados con nuestro ser físico. Libera energía que nos hace ser amorosos y amables con los demás y con nosotros mismos.

Aum Gum Shreem Maha Lakshmiyei Namaha

El Aum Gum Shreem Maha Lakshmiyei Namaha se pronuncia como "ohm-gaam-shreem-mah-ha-lok-shmii-yei-na-mah-ja". Significa "Mis saludos o adoración a la gran Lakshmi". El canto de este mantra le permite pedir ayuda a la diosa Lakshmi para que aumente su riqueza y le proporcione prosperidad. Debe cantar este mantra con regularidad para atraer la abundancia y la prosperidad a su vida.

Consejos para cantar mantras

- El mantra más popular y poderoso es "Om". Puede cantar este mantra a lo largo del día en cualquier lugar: mientras hace sus tareas, cocina, se ducha o medita.

- Puede cantar sus mantras en voz alta o en silencio, como si enviara sus vibraciones a su corazón. Cuando cante en voz baja, se concentrará únicamente en su mantra.

- Siempre debe cantar su mantra, aunque no tenga ganas. Cante a través de todas sus emociones negativas.

- Estudie varios mantras a través de libros o grabaciones, o puede consultar a un yogui para que le ayude.

- Aprenda a pronunciar correctamente cada mantra y conozca también su traducción (los que tienen traducción, de todos modos), ya que esto le ayudará a conectar con el mantra mientras lo canta.

Haga que los mantras y las afirmaciones formen parte de su rutina diaria hasta que acaben convirtiéndose en un hábito, y vea cómo su vida se transforma y siente cómo se abre su chakra raíz.

Capítulo 5: Mudras y pranayamas para la raíz

En este capítulo se tratan otros dos complementos útiles para mejorar su rutina de meditación y ayudar a equilibrar el chakra Raíz, a saber, los mudras y los pranayamas. Ambas técnicas se utilizan en ejercicios de meditación, yoga y atención plena diseñados para equilibrar, sanar y desbloquear los chakras. Los ejercicios que encontrará a continuación son aptos para principiantes, aunque puede que le lleve algún tiempo dominarlos si es su primer encuentro. Sin embargo, cuando los haga bien, rejuvenecerá su chakra raíz y, con él, todo su cuerpo.

Qué son los mudras y cómo utilizarlos

Los mudras son gestos simbólicos con las manos que provienen principalmente de las prácticas de meditación hindúes y budistas. También se utilizan en ceremonias y danzas y se representan en el arte, como en esculturas y pinturas. Sus orígenes indican que muy probablemente se desarrollaron con fines espirituales para ayudar a los practicantes a manifestar sus intenciones interiores. Siempre que quiera manifestar energía, deseos o cualquier otra cosa en su vida, solo tiene que invocar el mudra específico que le permita hacerlo.

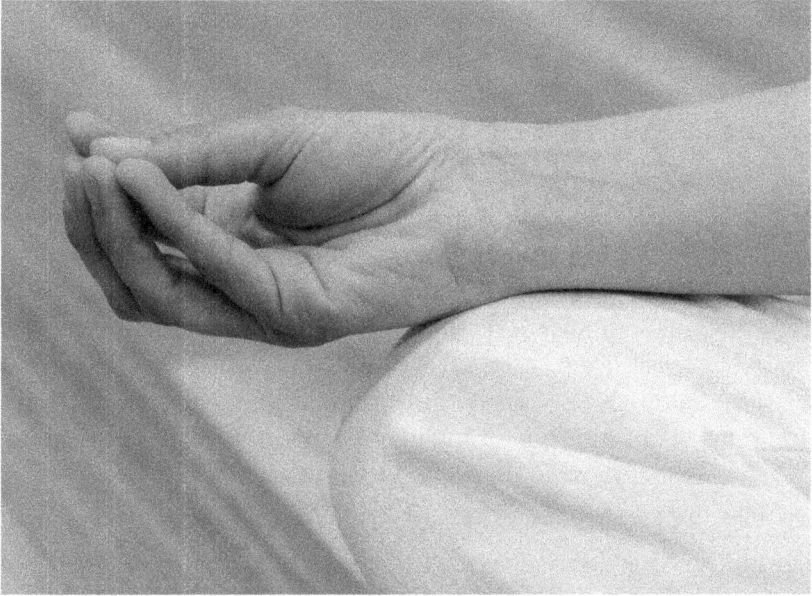

Los mudras son gestos simbólicos con las manos
https://pixabay.com/es/photos/mudra-meditar-energ%c3%ada-meditaci%c3%b3n-2307822/

Lo que hace que los mudras sean tan eficaces es que cualquiera puede aprenderlos y utilizarlos. A diferencia del yoga y de otras técnicas complejas de meditación y respiración que necesitan una guía profesional, formar mudras es tan fácil como presionar dos dedos juntos. Un mudra se realiza utilizando ambas manos. Puede consistir en tocar los dedos de una mano con otra, tocar los dedos de la misma mano, movimientos de muñeca, doblar los codos y los hombros o mover lentamente todo el cuerpo. El propósito de estos movimientos es ayudar al flujo de la energía natural a través de su cuerpo.

La mayoría de los mudras se realizan cuando se está en la postura padmasana. Sin embargo, puede utilizar otra posición que le resulte más cómoda, como sentarse o estar de pie, siempre y cuando sus pies estén enraizados y accedan a la energía natural. Esto le ayuda a concentrarse en su práctica de atención plena y a sanar desde dentro hacia fuera. Porque, además de canalizar la energía natural y hacer crecer su espiritualidad, los mudras tienen muchos otros efectos terapéuticos.

Esencialmente, los mudras pueden ayudarle a conseguir cualquier cosa que desee, incluido el equilibrio, la curación o el desbloqueo de su chakra raíz. Formar un mudra diseñado para estos fines le permite conectar con la naturaleza y, en última instancia, activar este centro energético.

Mudras para el chakra raíz

Al realizar un mudra para el chakra raíz, es fundamental no forzar el flujo de energía vital presionando las yemas de los dedos con demasiada fuerza. Por mucho tiempo que quiera mantener el mudra, las yemas de los dedos solo deben presionarse ligeramente. Aunque se recomienda empezar con una sesión de 10 minutos y trabajar lentamente hasta llegar a los 20 minutos, no es necesario hacerlo en una sola sesión. Si no se siente cómodo manteniendo un mudra durante tanto tiempo, puede intentar formarlo varias veces a lo largo del día y mantenerlo solo durante 3-4 minutos cada vez.

Mudra del Muladhara

El mudra Muladhara es uno de los gestos manuales más utilizados para equilibrar el chakra raíz. Recibe su nombre de este centro, utilizando la palabra sánscrita Mulaadhaar, que significa "fundamentos". Esto indica que ayuda al chakra raíz a cimentar y estabilizarle durante las prácticas de atención plena y espirituales. Le mantiene conectado a la naturaleza y a su energía -al igual que hace con los árboles y otras plantas-, nutriéndolos a lo largo de su desarrollo y manteniéndolos en buena salud durante toda su vida. Esto aporta innumerables beneficios físicos y mentales, nutriendo sus procesos de pensamiento.

He aquí cómo hacer el mudra de Muladhara:

1. Siéntese cómodamente en un lugar donde no le molesten e intente relajarse.

2. Junte las palmas de las manos con el pulgar apuntando hacia el pecho y los otros dedos hacia arriba.

3. Doble los dedos meñique y anular hacia la palma de la mano, entrelazándolos.

4. Los dedos centrales deben quedar extendidos, tocándose en las puntas de los dedos.

5. Junte los dedos índice y pulgares, dejando que formen un círculo alrededor del otro.

6. Como alternativa, puede colocar las manos doblándolas hacia el chakra raíz, con los dedos centrales extendidos apuntando en esa dirección.

Mudra de Gyana

El nombre de este mudra significa conocimiento, por lo que a menudo se utiliza junto con la meditación o el yoga para obtener sabiduría. Al conectarle con la tierra, el mudra Gyana ayuda a sellar este conocimiento en su mente a través de la energía procedente de la naturaleza. También ayuda a canalizar la energía hacia su cuerpo abriendo el chakra de la raíz, permitiendo que la fuerza vital fluya sin interrupciones.

He aquí cómo hacer el Gyana mudra:

1. Comience colocándose en una posición cómoda, como padmasana, o sentándose en una silla con los pies tocando el suelo. Mantenga la espalda recta y los hombros relajados.

2. Coloque las manos sobre las rodillas, con las palmas hacia arriba. Estire un poco los dedos y luego relájelos.

3. Mueva el dedo índice hacia el pulgar y deje que se toquen en las puntas, formando un anillo. Los demás dedos deben permanecer rectos.

4. Cierre los ojos y empiece a concentrarse en su técnica de respiración.

Tenga en cuenta que siempre debe doblar el dedo índice hacia el pulgar y no al revés. El pulgar nunca debe estar doblado, ya que representa la fuente de la sabiduría universal. El dedo índice simboliza su conciencia individual; por lo tanto, llevarlo hacia el pulgar le permite aprovechar esa fuente universal.

Prithvi Mudra

El Prithvi mudra es otro gesto de la mano que consiste en tocar el pulgar, solo que en este caso con los dedos anulares. Prithivi es la palabra sánscrita que significa "tierra". A través de esta posición de la mano, usted está esencialmente ayudando a su cuerpo a tomar tierra. Se utiliza a menudo en la meditación, el yoga y ejercicios similares de curación de los chakras. Erradica los síntomas físicos y mentales de un chakra raíz herido, incluyendo la falta de energía, la debilidad, la pérdida de apetito, la pérdida de peso y mucho más.

He aquí cómo hacer el Prithivi Mudra en unos sencillos pasos:

1. Adopte una posición cómoda sentándose recto con los pies firmemente plantados en el suelo. También puede comenzar en la postura padmasana.

2. Asegúrese de que su espalda está recta pero relajada, y lleve su mano a las rodillas, con las palmas hacia arriba.

3. Comience a formar el mudra doblando los dedos anulares hacia los pulgares y dejando que se toquen en las puntas. Asegúrese de hacer esto con ambas manos al mismo tiempo.

4. Con la punta del dedo anular, aplique una ligera presión sobre el pulgar mientras mantiene los demás dedos rectos. No deben estar tensos, pero tampoco doblados.

5. Los principiantes deben mantener la posición de los dedos durante al menos cinco minutos. Una vez que sus dedos se acostumbren a la posición, pueden empezar a ampliar el tiempo a diez minutos o más.

Bhumisparsha Mudra

El nombre de este gesto de la mano significa literalmente "tocar la tierra", lo que hace referencia al propio Buda como su primer practicante. Según el dicho, el gran Buda utilizó esta técnica para conectarse a la tierra y aprovechar su energía para la iluminación espiritual. Y al igual que impidió que las demás fuerzas le arrebataran la iluminación a Buda, el mudra Bhumisparsha también mantendrá la energía negativa fuera de su chakra raíz. Le da poder de concentración y sabiduría, permitiéndole superar cualquier reto al que se enfrente a lo largo de su vida.

En este mudra, la mano izquierda (colocada sobre su regazo) representa el conocimiento creativo. La mano derecha (apuntando hacia el suelo) ilustra las habilidades prácticas. Esto indica que a través del efecto de conexión a tierra, usted también se volverá más productivo. Aparte de esto, la práctica regular del mudra Bhumisparsha tiene numerosos beneficios mentales, emocionales y físicos. He aquí algunos de ellos:

1. Mejora la concentración y la claridad mental duradera, especialmente cuando se combina con otros ejercicios de relajación.

2. Al "tocar la tierra", usted también se vuelve más resistente y aprende a controlar sus emociones incluso en los momentos difíciles.

3. Aleja la energía negativa procedente de las emociones dañinas o las transforma en algo productivo.

4. La reducción de los niveles de estrés y ansiedad son también resultados bastante comunes de esta práctica. También puede ayudar a aliviar los síntomas físicos relacionados con estos estados de ánimo.

He aquí cómo realizar el mudra Bhumisparsha:

1. Puede empezar desde una posición cómoda de su elección. La postura Padmasana es una opción habitual, pero si se siente más cómodo simplemente sentado en una silla o de pie, no dude en hacerlo.

2. Cierre los ojos mientras intenta relajar su cuerpo y su mente. Inhalar y exhalar un par de veces profundamente debería ayudarle con esto, ayudando a enfocar ciertos pensamientos.

3. Cuando su mente haya alcanzado el estado de conciencia que desea, puede empezar a formar el mudra.

4. Coloque su mano izquierda en su regazo, con la palma hacia arriba. Luego ponga la mano derecha sobre la rodilla, con el pulgar apuntando hacia el suelo.

5. Mantenga la mano en esta posición durante al menos diez minutos o durante el tiempo que se sienta cómodo.

6. Visualice cómo la energía viaja desde el suelo hacia su mano y luego hacia su chakra raíz. Concéntrese en la sensación que le produce y deje en segundo plano cualquier otro sentimiento o pensamiento.

7. Cuando todo lo demás se haya desvanecido y solo pueda sentir la energía natural viajando por su cuerpo, puede continuar con su sesión de meditación o yoga.

Si tiene problemas para concentrarse en las sensaciones con los ojos cerrados, puede optar por mantenerlos abiertos. Intente encontrar un punto de la habitación en el que concentrarse y mantenga los ojos fijos en él durante todo el ejercicio.

Este mudra se recomienda como ejercicio diario, tanto por la mañana como antes de irse a dormir. Diez minutos suelen ser suficientes para tomar tierra, sobre todo si lo combina con técnicas de meditación y pranayama. Sin embargo, si está lidiando con demasiadas emociones negativas al mismo tiempo, puede sentir que no es suficiente para calmarle, en cuyo caso, intente hacerlo durante 20 minutos.

¿Qué es el pranayama?

Los pranayamas son técnicas de respiración basadas en antiguas prácticas yóguicas, en la meditación y en otros fines diversos. Su nombre proviene de la combinación de las palabras sánscritas prana (también conocida como la fuerza vital universal) y ayama, que significa control. La mayoría de los expertos recomiendan realizarlos nada más despertarse, antes de desayunar. Esto proporciona a su mente y a su cuerpo una energía revitalizante, por lo que estará preparado para los retos del día. Si las hace más tarde en el día, espere al menos dos horas después de su última comida completa para evitar molestias.

Al controlar la duración, la frecuencia y el momento de su respiración, estará en camino de lograr su objetivo final: equilibrar la mente y el cuerpo. La mayoría de las técnicas implican una respiración profunda, que canaliza más oxígeno en su cuerpo, limpiándolo eficazmente de la energía negativa y de todos sus síntomas físicos y mentales. Los beneficios del pranayama también se notan en un sistema de chakras equilibrado. Cada uno de los siete chakras principales puede equilibrarse, curarse o desbloquearse mediante varias técnicas de pranayama.

Técnicas de pranayama para el chakra raíz

Existe una amplia gama de pranayamas y otras prácticas respiratorias que puede utilizar para perfeccionar las técnicas meditativas y yóguicas con el fin de aumentar el efecto positivo de los ejercicios de atención plena en su chakra raíz.

Nadi Shodhana

También llamada respiración nasal alterna, la Nadi shodhana es una de las mejores técnicas para enraizar y equilibrar el chakra raíz.

Su nombre proviene de las palabras sánscritas nadi (significa "canal") y shodhana (significa "limpieza"). Esto indica que tiene un efecto profundamente purificador en los nadis del cuerpo y la mente, calmando eficazmente y equilibrando su energía.

El nadi shodhana se recomienda a los principiantes o a cualquiera que tenga dificultades para relajarse antes de la meditación o de cualquier otro ejercicio de equilibrio de los chakras raíz. Alternar la exhalación y la inhalación permite que el aire se mueva libremente por el cuerpo, incluido el cerebro, donde equilibra los hemisferios izquierdo y derecho. Esta acción otorga tanto seguridad emocional como claridad mental, lo que ayuda a equilibrar el chakra raíz.

He aquí cómo hacer Nadi shodhana en unos sencillos pasos:

1. Comience por sentarse en una posición cómoda con la espalda recta. Relaje los hombros llevándolos hacia delante y cierre los ojos. Recuerde mantener la mente y el corazón abiertos a la experiencia.

2. Coloque su dedo índice y medio derechos entre las cejas y presione suavemente hacia abajo. El dedo anular debe estar en la fosa nasal izquierda y el pulgar en la derecha.

3. Utilice el pulgar para cerrar la fosa nasal derecha e inhale por la fosa nasal izquierda. Mantenga la respiración durante unos segundos y, a continuación, cierre la fosa nasal izquierda con el dedo anular mientras abre simultáneamente la derecha.

4. Exhale por la fosa nasal derecha, haciendo unos segundos de pausa antes de inhalar por la misma fosa.

5. Ahora, vuelva a cerrar la fosa nasal derecha. Abra la izquierda y exhale por ella. Repita el ciclo completo durante 5-10 minutos, respirando de forma natural, sin esfuerzo.

Pranayama Sitali

El Sitali pranayama es un ejercicio respiratorio con efecto calmante. Su nombre procede de las palabras sánscritas sitali (significa "enfriamiento"), prana ("energía vital" o "fuerza de la vida") y ayama (significa "esfuerzo"). Esto apunta al efecto calmante de la práctica, que está diseñada para aquietar el cuerpo y la mente para la meditación del chakra raíz. Se utiliza después de ciertas prácticas para mantener un estado mental claro mientras contempla sus valores y cualquier otra cosa relacionada con el chakra raíz. El aspecto refrescante también tiene un efecto curativo en el chakra raíz, ayudando a borrar la energía negativa de este centro. El pranayama Sitali puede reducir la fiebre y el hambre excesiva y aliviar los síntomas de varias afecciones pulmonares y endocrinas.

Esta técnica de respiración, extremadamente fácil, solo requiere unos pocos pasos para realizarla:

1. Busque un lugar tranquilo en el que no le molesten y en el que no moleste a los demás. Siéntese en una posición cómoda, con la columna vertebral recta y los hombros relajados.

2. Puede optar por cerrar los ojos o dejarlos abiertos.

3. Ahora, pase la lengua por la boca mientras inhala profundamente. El aire debe viajar solo a través de la lengua, como si fuera una pajita.

4. Si la técnica anterior le resulta demasiado difícil de ejecutar, también puede optar por una versión modificada, en la que el aire se introduce a través de los dientes cerrados.

5. Exhale a través de la lengua o los dientes y sienta las vibraciones que produce el aire al pasar por ellos.

6. Repita esto durante al menos cinco minutos y tantas veces como le resulte útil para mantener la calma.

7. Con una última exhalación profunda, comience lentamente a reanudar sus actividades cotidianas habituales.

Ujjayi Pranayama

El Ujjayi Pranayama, o "respiración victoriosa", es otra técnica para preparar su cuerpo y su mente para los ejercicios de relajación y atención plena. Su nombre proviene de la palabra sánscrita ujji, que significa "victorioso". El ejercicio obliga al aire a pasar por las vías respiratorias constreñidas, lo que eleva la temperatura corporal, haciéndole sentir más cómodo y preparado para relajarse antes de la sesión. La vibración del aire que pasa tiene un efecto de enraizamiento y ayuda a desbloquear su chakra raíz.

He aquí cómo practicar el Ujjayi Pranayama:

1. En un lugar tranquilo, adopte una posición de pie o sentada. Si opta por esta última, siéntese en una silla con la espalda recta y los pies apoyados en el suelo.

2. Mientras comienza a relajarse, concéntrese en la quietud que proviene de su interior. Asegúrese de que su respiración se mantiene uniforme mientras inhala y exhala lenta y profundamente.

3. Sienta los efectos de su inhalación en los pulmones y en la zona abdominal, incluyendo la acumulación de energía y la concentración. Exhale, sintiendo cómo el aire abandona estas zonas de su cuerpo.

4. Continúe con esta técnica durante un par de minutos hasta que esté realmente relajado.

5. Cuando esté preparado, pase a la segunda parte del ejercicio: la visualización. Comience esto visualizando las raíces que descienden desde sus pies hasta el suelo.

6. Inhale profundamente, imaginando que está absorbiendo la energía de la naturaleza desde el suelo, y ascienda hacia su chakra raíz. Concéntrese en sentir cómo la energía se absorbe en este centro y se distribuye por su cuerpo.

7. Retenga la respiración durante un par de segundos antes de exhalar, momento en el que puede hacer otra breve pausa. Ahora, debería sentir que el aire viaja hacia abajo desde el chakra raíz hasta sus pies y de vuelta al suelo.

8. Sienta la pesadez del efecto de enraizamiento en sus extremidades mientras repite el ejercicio varias veces seguidas.

Opcionalmente, puede tomar más energía natural y distribuirla desde la raíz a otros chakras, desbloqueando el flujo de energía en ellos. Esto aumenta el bienestar general al ser excesivamente estimulante. También puede repetirlo varias veces seguidas.

Capítulo 6: Posturas y secuencias de yoga para Muladhara

Los beneficios del yoga han sido muy pregonados en occidente durante las últimas décadas. Por supuesto, se trata de una práctica antigua que tiene profundas raíces en oriente y que ha sido cultivada por los "yoguis", o personas especializadas en la medicina espiritual oriental, durante siglos. Mucho antes de que la comprensión del yoga se generalizara en Estados Unidos y en otros lugares, la gente de la India ha recurrido a esta forma única y espiritual de ejercicio para ayudar a curar toda una plétora de dolencias que pueden asolar el cuerpo y la mente. Por supuesto, equilibrar el chakra raíz es precisamente uno de estos problemas que el yoga ayuda a apaciguar, siempre que se utilicen las posturas adecuadas y la práctica sea constante. Este capítulo le ayudará a dilucidar las formas en que puede recurrir al yoga para ayudar a equilibrar su chakra raíz y generar una sensación de bienestar y calma. Hay muchas posturas que puede aprender, que se describirán a continuación.

Descargo de responsabilidad

Antes de empezar a explicar oficialmente las diferentes posturas y secuencias que puede utilizar para su práctica, vale la pena señalar que debe empezar con suavidad. Si es nuevo en el yoga o tiene algún problema de flexibilidad o movilidad -lo que seguramente ocurrirá si su chakra raíz ha estado desequilibrado durante mucho tiempo o sufre otras dolencias físicas-, tenga mucho cuidado. Puede comprar almohadillas que le ayuden a cumplir con el movimiento requerido a medias sin sacrificar su beneficio central. Además, hay diferentes adaptaciones que puede probar para cada postura o secuencia para que las cosas se adapten más a su condición. La clave aquí es hacer que el yoga trabaje para usted, y no al revés.

Posturas y secuencias de yoga

Postura de la guirnalda

Esta postura, llamada Malasana en sánscrito, es conocida por su capacidad para fortalecer el suelo pélvico, lo que resulta especialmente útil para las mujeres. Además, proporciona un excelente estiramiento para los tobillos, la ingle y la espalda, lo que a su vez facilita una digestión saludable. Para hacer esta postura, empiece por ponerse en cuclillas y mantener los pies lo más juntos posible. Si no puede mantener los pies en el suelo, utilice una manta para ayudar a suavizar la postura.

La postura de la guirnalda
https://pixahive.com/photo/malasana-garland-pose/

A continuación, al ponerse en cuclillas, asegúrese de mantener los muslos bien separados para que su cuerpo, en efecto, adopte la forma de una flor ligeramente aplanada. El espacio entre sus muslos debe ser más ancho que su torso. Cuando se ponga en cuclillas, exhale e incline la parte superior de su cuerpo ligeramente hacia delante, se acomodará cómodamente entre sus muslos.

Una vez que haya dominado cómodamente esa primera parte, deberá juntar las palmas de las manos, apoyando los codos en la parte interior de las rodillas. Este sencillo movimiento le ayudará a alargar el torso y a añadir un estiramiento más gratificante.

Puede elegir terminar aquí o profundizar aún más el estiramiento presionando la parte interior de los muslos contra los lados del torso. A continuación, estire los brazos hacia delante, gírelos hacia los lados y presione las espinillas contra las axilas. A continuación, puede presionar las puntas de los dedos de las manos contra el suelo o agarrarse los tobillos para mantener el equilibrio. Este es un movimiento más complicado, por lo que es posible que tenga que entrenarse durante un tiempo antes de ser capaz de hacerlo, lo cual está completamente bien. En cualquier caso, puede detenerse aquí o en el paso justo anterior a este y mantener la postura durante aproximadamente treinta segundos antes de volver a ponerse de pie, lentamente, y hacer rodar suavemente los brazos, las piernas y el torso mientras lo hace.

Postura fácil

La postura fácil, denominada Sukhasana en sánscrito, es esencialmente como suena: un movimiento sencillo que cualquier principiante puede dominar, independientemente de sus problemas de salud, y tiene muchos beneficios. Cualquier imagen o dibujo clásico de un "yogui" aparecerá invariablemente sentado en esta postura exacta de yoga. Aunque se trata esencialmente de una postura sentada con las piernas cruzadas, hay más de lo que parece. En todos los casos, está pensada para inducir una sensación de comodidad y calma, y usted puede permanecer en una postura fácil durante el tiempo que sea necesario para sentirse más centrado y enraizado.

Esta postura debería resultarle bastante natural, ya que la hemos practicado de una forma u otra desde la infancia, sin siquiera darnos cuenta. Puede utilizar una esterilla de yoga o, si eso no es lo suficientemente suave, saque una manta para ayudarle a colocarse en el suelo. A continuación, extienda las piernas delante de usted y siéntese con la espalda recta. Una buena postura aquí es absolutamente crítica, y no se beneficiará de esta postura si está encorvado. Después, cruce las piernas delante de usted por las espinillas.

Sus rodillas estarán muy separadas, y puede colocar cada pie justo debajo de la rodilla opuesta, asegurándose de doblar las piernas hacia usted. Si este movimiento es demasiado intenso, puede mantener las plantas de los pies enfrentadas. A continuación, coloque las manos sobre las rodillas con las palmas hacia abajo. Ahora, puede relajarse. Asegúrese de que la cabeza, el cuello y la longitud de la columna vertebral están enderezados mientras mantiene el cuello relajado; no quiere ninguna tensión en esta parte del cuerpo. Si lo desea, puede mirar al frente o cerrar los ojos, respirando lenta y profundamente unas cuantas veces. Puede permanecer en la postura fácil el tiempo que necesite, y es una forma especialmente buena de meditar durante unos minutos. Cuando esté listo para avanzar en su secuencia, o necesite volver a su rutina diaria, simplemente suelte y descruza las piernas, levantándose lentamente.

Pliegue hacia delante de pie

Uttanasana, también conocida como el pliegue hacia delante de pie, es otra postura que puede incorporar diferentes modificaciones para adaptarse a sus necesidades físicas. No es terriblemente complicada, pero proporciona un estiramiento más profundo. Al mismo tiempo, compromete más músculos y articulaciones, por lo que no querrá excederse si no se siente flexible o ágil.

El pliegue hacia delante de pie es una gran postura que ayuda a estirar el cuerpo y le permite sentirse con más energía. Proporciona un estiramiento intenso, trabajando los isquiotibiales y la espalda. Sin embargo, si le duele, probablemente lo esté haciendo mal. Una buena postura de pliegue hacia delante de pie debe sentirse relajante, así que no presione demasiado. De hecho, cuanto más se relaje a lo largo de esta postura, más profundo será el estiramiento - si hace lo contrario, entonces podría sentirse un poco dolorido o tenso.

Para empezar, póngase de pie con las manos en las caderas y los pies juntos - esencialmente una postura de montaña o tadasana. A continuación, exhale lentamente, inclinándose hacia delante por las caderas. Doble los codos y agárrese a cada uno de ellos con la mano contraria, bajando lentamente la cabeza mientras se inclina. Puede que no sea capaz de mantener los talones totalmente pegados al suelo, y eso está bien. Lleva tiempo ser capaz de profundizar en el estiramiento de esa manera: empiece despacio y vaya ganando flexibilidad con el tiempo.

Mientras se inclina y baja la cabeza, asegúrese de mantener las rodillas un poco sueltas y no bloqueadas; si es capaz de mantener las rodillas rectas, entonces estupendo. Para profundizar el estiramiento, intente llevar los brazos hacia abajo, manteniendo las puntas de los dedos de los pies a la misma altura que las de los pies, y presione las palmas de las manos sobre la esterilla de yoga. Si no puede hacer eso todavía, puede mantener los codos cruzados cerca de la cabeza, sujetando el lado opuesto de cada uno con las manos.

Una vez que haya alcanzado una postura cómoda, inhale y luego exhale, alargando ligeramente el torso al hacerlo. Cada exhalación le permitirá plegarse más profundamente en la postura, especialmente al dejar que la cabeza cuelgue libremente contra el cuerpo. Mantenga esta postura durante el tiempo que considere útil para usted, pero en general, se recomienda mantenerse firme durante aproximadamente un minuto.

Cuando esté listo para levantarse, coloque las manos de nuevo en las caderas y luego lleve el coxis lentamente hacia arriba mientras mantiene la espalda plana e inhala. Levántese lentamente con la espalda recta.

Postura del niño

Similar en cierto modo a la postura fácil, la postura del niño -o balsana- es un movimiento bastante bueno para practicar, especialmente si es usted principiante. Es una postura excelente para ayudarle a sentirse relajado y concentrado mientras experimenta un estiramiento profundo que compromete directamente sus músculos.

Para empezar, siéntese en su esterilla, llevando las piernas por debajo de usted. Sin embargo, asegúrese de que las rodillas se mantienen muy separadas: las rodillas no deben estar bloqueadas cuando intente relajarse en esta postura. A continuación, lleve los brazos rectos hacia delante y coloque lentamente el vientre entre los muslos, presionando la frente contra el suelo. Mantenga los hombros, la cara y los ojos relajados. Si le resulta difícil hacer este movimiento, puede colocar un bloque o un cojín delante de usted y apoyar la cabeza. O utilice las palmas de las manos para formar dos puños apilados uno sobre otro, llevando la frente a descansar sobre ellos. Para beneficiarse de esta postura, inhale y exhale lentamente durante al menos cinco respiraciones, manteniendo la frente centrada cómodamente delante de usted. Tiene que estar lo más relajado posible en esta postura para beneficiarse del profundo estiramiento y al mismo tiempo sentirse mentalmente conectado a la tierra.

Creación de una secuencia

Puede crear una secuencia calmada y suave utilizando todos los movimientos anteriores o incorporando uno o dos en una secuencia racionalizada de Saludo al Sol que generalmente le llevará de cinco a diez minutos cada vez. Además, asegúrese de escuchar a su cuerpo: un día, puede ser capaz de hacer el pliegue hacia delante de pie sin problemas; otros días, puede que solo sea capaz de hacer la postura de la guirnalda y mantenerla durante unos minutos. Es difícil saber cómo se sentirá su cuerpo en un día determinado, y hay algunos movimientos que le resultarán más naturales en un momento dado y otros que le resultarán difíciles. Es importante dejarse llevar por la corriente y averiguar cómo inducir una sensación de calma y comodidad, en lugar de perseguir una actividad extenuante que solo tendrá el efecto contrario.

Por lo tanto, escuchar a su cuerpo y lo que necesita en un día determinado es importante antes de evaluar la mejor secuencia a realizar para sanar su chakra raíz. Si no tiene tiempo para hacer una sesión completa de yoga restaurativo, incorporando una o todas las posturas enumeradas anteriormente, entonces debe sentirse libre de adaptar ciertos movimientos de una manera que se ajuste a su horario y capacidad actuales. Por ejemplo, puede simplemente sentarse en la postura del niño durante unos minutos mientras medita o completa una sesión de pranayama.

Para tener una idea más clara de los distintos tipos de variaciones que puede adoptar, vaya al último capítulo y elija las posturas de yoga que más le convengan. Siempre que sea consciente de lo que se necesita para completar cualquiera de las posturas enumeradas en este libro, debería estar bien encaminado para crear una rutina que le funcione bien. En general, le ayudará prestar atención a las posturas que se centran en la parte baja de la espalda, ya que es ahí donde se encuentra su chakra raíz. Cualquier movimiento que comprometa esta parte de su cuerpo le ayudará a conseguir precisamente lo que necesita para sentirse más enraizado.

Estabilidad, equilibrio y el Muladhara

La incorporación constante de secuencias de yoga en su rutina diaria de autocuidado aumentará la capacidad de su cuerpo para sentirse equilibrado y mejorará su estabilidad tanto mental como física. Unos minutos de yoga en un día cualquiera le harán sentirse mejor, pero la clave para sentirse más arraigado, y para sanar el chakra raíz en general, reside en mantener su práctica.

Por supuesto, el yoga no debe utilizarse como una práctica independiente si no encaja completamente en su rutina diaria. Debe utilizarse junto con otras intervenciones saludables y conscientes para ayudar a mantener sus chakras alineados. Por ejemplo, puede probar la postura del pliegue hacia delante de pie mientras practica técnicas de visualización. Dado que el color rojo se asocia a menudo con el chakra raíz, intente visualizarlo y mantenga la postura durante todo el tiempo que pueda, quizá dos minutos. La visualización es una forma excelente de ayudarle a encerrarse en sentimientos más complejos, permitiéndole afrontarlos de frente mientras se enraíza más y calma un chakra raíz bloqueado o sobrecalentado. Cuando se combinan con el yoga, los ejercicios de visualización son grandes mecanismos que le permiten sentirse más conectado consigo mismo. Proporcionan una forma importante de frenar y pensar en lo que necesita emocional y espiritualmente en cada momento.

Piense en el yoga como una herramienta, una de las muchas que tiene en su caja de herramientas, que le ayuda a sentirse mejor siempre que lo necesite. Hay algunas técnicas claras que puede utilizar para equilibrar su chakra raíz en lugar de sufrir las interminables corrientes de estrés y su impacto negativo. Tal vez pueda combinar el yoga con una sesión de meditación en profundidad, que podría utilizar vibraciones sonoras para ayudar a inducir una sensación de calma. O simplemente ponga un vídeo o una cinta de audio de meditación grabada y permanezca en la postura del niño durante unos minutos, inhalando y exhalando lentamente hasta que se sienta tranquilo y cómodo.

Independientemente de cómo decida enfocar las cosas, recuerde que el yoga es una forma sólida de desarrollar una relación profunda con el chakra Muladhara para sentirse más a gusto en su cuerpo. Como se describe en otra parte de este libro, un chakra raíz hiperactivo, o bloqueado, le hará sentirse más bien disociado de su cuerpo. Esto, a su vez, afecta a su capacidad de sentirse enraizado, tranquilo y centrado, lo que provoca todo tipo de trastornos en su trabajo, en su relación consigo mismo y con los demás. El uso consistente de secuencias de yoga -o incluso de unas pocas posturas sencillas- utilizadas solas o junto con otra práctica de atención plena le permitirán sanar con el tiempo.

No es para insistir demasiado, pero la consistencia es realmente la clave para sanar el chakra raíz. Aunque no tiene que emplear secuencias de yoga hiperinteligentes y complejas o prácticas meditativas para lograr una sensación de calma, un enfoque equilibrado es la clave. De nuevo, escuchar a su cuerpo y sus necesidades en cada momento es importante a la hora de averiguar las formas en que el yoga puede ayudar a calmar el chakra raíz. La forma en que decida tratar su cuerpo tiene un impacto tremendo en su bienestar general. Aunque hay muchos factores que no podemos controlar (que afectan directamente a nuestra salud), ser capaz de incorporar soluciones sencillas y de bajo coste le ayudará a sentirse capacitado frente a los mayores obstáculos que le afectan.

Todo el mundo necesita sentirse seguro y presente, y cuando nos interrumpen constantemente nuestros teléfonos o el trabajo que parece no terminar nunca, a veces poner una esterilla de yoga es la única sensación de paz que se puede conseguir. Muchas de las posturas enumeradas aquí y en otras partes del libro pretenden guiarle, pero nada es prescriptivo. A fin de cuentas, solo cada persona sabrá exactamente lo que necesita para sentirse equilibrada y ayudar a calmar el chakra raíz. Por ello, debe sentirse libre de experimentar y probar nuevas ideas siempre que pueda. El yoga, la meditación o las técnicas de visualización son todos procesos y no soluciones definitivas en sí mismas. Por lo tanto, deberá seguir probando y experimentando para ver qué combinación de movimientos o técnicas le funcionan mejor. Encontrar la paz o la sensación de plenitud no es fácil; si lo fuera, no habría razón para hacer todo este trabajo. Es algo que todos nos esforzamos por conseguir, y el yoga es una forma de ayudarle a conseguirlo.

Capítulo 7: Uso de cristales y piedras

Los cristales y las piedras pueden añadir otra capa a su meditación de equilibrio del chakra raíz o a su práctica de yoga. Además, puede utilizarlos en su vida diaria y aprovechar su energía en cualquier momento que necesite un poco de ayuda extra para afrontar las dificultades. En este capítulo, descubrirá cómo y qué cristales pueden ayudar a equilibrar el chakra raíz. También aprenderá a cuidar de sus cristales, para que siempre estén llenos de energía positiva.

Cómo pueden los cristales ayudar a equilibrar el chakra raíz

El propósito básico de la curación de los chakras con cristales es mantener sus chakras abiertos y libres para conducir su energía esencial. Cada chakra tiene un propósito específico en su cuerpo, y el chakra raíz, como ya sabe, es el responsable de mantenerle conectado a la tierra. La ansiedad, el abatimiento y todos los demás síntomas de un chakra raíz bloqueado que ha estudiado pueden evitarse con los cristales y las piedras preciosas adecuados. Las piedras y los cristales vibran en la misma frecuencia que la energía humana debido a su composición molecular. Funcionan potenciando las capacidades curativas inherentes a su cuerpo.

Como parte de la naturaleza, los cristales y las piedras contienen energía pura y positiva. Sostenerlos le permitirá canalizar su poder para reconectar con la naturaleza y equilibrar o despejar cualquier bloqueo en su chakra raíz. No solo eso, sino que también pueden absorber la energía dañina de su cuerpo.

La diferencia entre las piedras y los cristales

Aunque sus funciones pueden parecer muy similares, los cristales y las piedras proporcionan dos tipos de curación muy diferentes. Durante el proceso de cristalización, los cristales, como los diamantes, las amatistas o el cuarzo, se forman en formas angulares con bordes dentados. A menudo son translúcidos, con un alto nivel de brillo y una resistencia natural gracias a su estado sólido.

Cristal de amatista
https://unsplash.com/photos/jLWLxX6i3R8

Las piedras, en cambio, suelen estar compuestas por diferentes minerales, excepto las gemas semipreciosas, que suelen estar talladas a partir de un único bloque de minerales. Las piedras como el ágata son mucho más suaves y redondas que los cristales. También tienen una estructura más densa y variaciones de color más amplias.

Debido a sus diferencias de composición y densidad, los cristales y las piedras suelen emitir vibraciones diferentes. En consecuencia, a menudo se alinearán con diferentes tipos de energías. No obstante, sigue siendo posible que una persona se sienta atraída por ambos grupos si contienen la energía que a la persona le falta en su sistema energético.

Uso de cristales y piedras para el chakra raíz

El equilibrio del chakra raíz con cristales y gemas debe basarse en la estabilización de su estado físico y emocional. Una vez restablecida su homeostasis energética, puede pasar a elevar las funciones en sus centros energéticos, empezando por su chakra raíz.

Los cristales y las piedras de colores terrosos son los que mejor funcionan para potenciar su chakra raíz y poner en marcha su proceso de curación. Busque las variantes rojas y marrones, ya que son las que tienen una conexión más profunda con la tierra. Los negros tienen un efecto de enraizamiento, ya que recuerdan el color de la tierra húmeda. La forma que utilice puede depender del propósito del cristal, pero es una buena idea optar por las formaciones más naturales. Dicho esto, la elección también depende de las piedras que le atraigan.

He aquí algunas de las piedras y cristales más poderosos que trabajan con el chakra raíz.

Granate

El granate, especialmente el rojo, es una piedra increíblemente rara y poderosa, que brilla en diferentes tonos de rojo que hablan a su chakra raíz. Eleva la energía en este centro, contribuyendo al equilibrio de su bienestar general. El granate se recomienda para canalizar la fuerza y el valor a través de ejercicios específicos o de la vida cotidiana. Puede colocar el granate en la esquina de la habitación en la que pase más tiempo para esto último. O puede mantenerlo cerca de su cuerpo en forma de talismán para tener acceso constante a su poder.

Hematita

Con sus bordes naturalmente rugosos y su brillo natural, la hematita es una herramienta excelente para sustituir la energía negativa por la positiva. Toma prestada la energía de su chakra raíz, la limpia y la devuelve al chakra, restaurando eficazmente su equilibrio. Téngala en la mano si tiene problemas de concentración durante los ejercicios de atención plena. Darse poder con la Hematita durante una sesión le ayudará a permanecer con los pies en la tierra y a mantener enfocados solo los pensamientos relevantes. También puede aprovechar su poder manteniéndola en su escritorio en su lugar de trabajo para mejorar su productividad.

Obsidiana negra

La obsidiana negra es tan rica en poder natural en bruto como la tierra que nutre nuestras plantas. Su superficie de espejo refleja el estado de su chakra raíz, pero también puede protegerlo si es necesario. Llevar esta piedra con usted repelerá cualquier falsedad o negatividad que amenace su energía, permitiéndole confiar en la sabiduría que proviene del chakra raíz. El mero hecho de saber que siempre puede confiar en su instinto potencia este centro energético base, lo que, a su vez, hace crecer aún más su intuición. Lleve la obsidiana negra en joyas, preferiblemente como anillo, para poder comprobar siempre el reflejo de su energía.

Jaspe rojo

Otra piedra de colores rojos terrosos, el jaspe rojo, tiene un efecto nutritivo en su chakra raíz. Puede ser una fuente de resistencia, inspiración y resiliencia para superar las adversidades y curarse emocional, mental y físicamente. Lleve el jaspe rojo como colgante y manténgalo lo más cerca posible de su cuerpo para aumentar su confianza. Si está pasando por momentos difíciles, coloque una bola de cristal de jaspe rojo en su habitación y permita que le devuelva la vitalidad y le reconecte con su poder interior.

Piedra de sangre

La piedra de sangre puede convertirle en un verdadero guerrero con sus pecas de color rojo sangre pintadas sobre un fondo verde. Desbloquea el chakra raíz, permitiendo que la energía vital fluya hacia los chakras superiores, elevando su nivel en todo el cuerpo. La piedra de sangre equilibra sus emociones, haciéndole sentir más seguro de sí mismo e invencible incluso cuando se trata de los retos emocionales más difíciles. Sostenga esta piedra en sus manos durante la meditación para aliviar la ansiedad, o llévela como talismán para protegerse de las emociones negativas.

Cornalina

La cornalina es conocida por sus efectos energizantes, algo que su chakra raíz bloqueado o desequilibrado realmente necesitaría. Puede sustituir la pereza por la vitalidad y aumentar su estado de ánimo y su productividad para que pueda volver a la cima de su juego. Guárdela en su escritorio en su lugar de trabajo para asegurarse de que tendrá la fuerza necesaria para completar todas sus tareas y quizás desafiarse a sí mismo asumiendo algunas nuevas. También puede utilizar la cornalina para inspirarse si tiene problemas para aclarar su intención en las prácticas espirituales o de meditación para equilibrar o sanar el chakra raíz.

Turmalina negra

Esta piedra misteriosamente oscura tiene un efecto protector sobre su energía, dirigido al punto donde entra en su cuerpo, el chakra raíz. Aquí, la Turmalina Negra repele toda la negatividad dirigida a usted, por lo que nadie podrá bajar sus vibraciones. Ayudándole donde más lo necesita, la turmalina negra le devuelve el sentido de la seguridad y le cura de las experiencias traumáticas. Llévela como joya para conseguir este efecto. Si la negatividad ya ha entrado en su cuerpo, puede transformarla en positividad utilizando esta piedra durante la meditación, el yoga o cualquier otro ejercicio de curación de los chakras.

Ojo de tigre

Si busca la máxima protección para su chakra raíz, el Ojo de Tigre puede proporcionarle esto y mucho más. Esta piedra incorpora todos los colores terrosos -una verdadera indicación de su poder. Al mirarlo, se le recuerda la fuerza natural que reside en su interior, fortaleciendo su chakra raíz y haciéndole creer que puede superarlo todo. Lleve el Ojo de Tigre como pulsera para demostrar que siempre puede mantener la cabeza alta. Colocar la piedra en la esquina de su espacio le asegurará que está protegida de la energía tóxica mientras esté en esa habitación.

Cuarzo ahumado

El brillante cuarzo ahumado limpia un chakra bloqueado de toda la negatividad y restablece su conexión con los centros superiores. Su poder reside en ser a la vez el mensajero de la naturaleza y del universo, otorgando un nivel de sabiduría sin parangón. Puede clarificar su camino y su propósito en la vida y mostrarle las energías que necesita soltar para seguir adelante. Por todas estas razones, el cuarzo ahumado está especialmente recomendado para la meditación y otros ejercicios de atención plena. Si quiere que su chakra raíz permanezca conectado a ambas fuentes de sabiduría, coloque esta piedra cerca de la entrada de su casa.

Cuarzo ahumado
https://pixabay.com/es/photos/cristales-cuarzo-ahumado-macro-3129390/

Ónix negro

Al igual que las otras piedras negras, el ónix negro también puede utilizarse para proteger su chakra raíz. Esta piedra mantiene el equilibrio energético del centro raíz y disuade a la negatividad de entrar en su cuerpo. El ónix negro también tiene la capacidad de restablecer la claridad mental y la fuerza física, mejorando aún más los efectos de enraizamiento del chakra raíz. Utilice esta piedra durante la meditación para canalizar sus pensamientos del subconsciente a la mente consciente. Si lo combina con otro cristal negro será aún más beneficioso para sacar cualquier negatividad.

Ágata de musgo

Se cree que el Ágata Musgo limpia su chakra raíz con el poder de una lluvia de primavera, gracias a su inusual combinación de colores claros y oscuros. Al eliminar su estrés, podrá ser más productivo y obtener abundancia en su vida emocional y espiritual. El frescor del ágata musgosa también actúa como piedra de conexión a tierra, recordándole que no debe dejarse vencer por las emociones poderosas. Llévela como talismán o pieza de joyería para recordarse que debe ser más paciente. Utilícela durante un ejercicio de atención plena u otra práctica espiritual para conectar con su ser interior o su guía espiritual.

Limpieza y cuidado de sus cristales y piedras

Independientemente de la cantidad de cristales o piedras que tenga o de la frecuencia con la que los utilice, solo le ayudarán si también los cuida. Dado que muchos de ellos pueden absorber energía negativa, es crucial limpiarlos después de cada uso. Ya que los cristales y las piedras están constantemente ocupados protegiéndole, no tienen la oportunidad de purificarse como pueden hacerlo los que usted utiliza solo ocasionalmente.

Además de la limpieza, también tendrá que aprender a almacenar y recargar sus piedras con energía natural. Aunque pueden conectar con las vibraciones positivas de la naturaleza por sí mismas, también necesitarán estar en contacto con su energía vital. Por ello, asegúrese de cargarlas regularmente a través de diferentes fuentes para mantenerlas a pleno rendimiento.

La purificación de sus cristales y piedras es necesaria incluso antes de su primer uso porque pueden recoger la negatividad en cualquier momento. La frecuencia con la que debe realizar un ritual de limpieza y recarga después del primer uso depende de la frecuencia con la que utilice sus gemas. Si está pasando por momentos difíciles y confía en sus cristales para absorber todas las emociones negativas, necesitará limpiarlos más a menudo.

Dependiendo de sus preferencias y de sus funciones, la limpieza y recarga de sus piedras y cristales puede hacerse de varias maneras. He aquí algunas de las formas más comunes de mantener sus piedras llenas de energía positiva.

Utilizando la luz de la luna

Tanto la luna llena como la nueva están llenas de energía radiante que puede utilizar para limpiar y recargar. La luna nueva les proporcionará energía elevadora, lo que puede resultar útil si quiere utilizar sus cristales para el crecimiento personal en el futuro. La luna llena le ofrece la posibilidad de liberar las emociones reprimidas y poner fin a las relaciones que no funcionan.

Coloque los cristales en el alféizar de una ventana por la noche, asegurándose de que estarán expuestos a la luz de la luna. Para obtener los mejores resultados, déjelos para que absorban la energía de la luna durante toda la noche. Lo mejor de este método es que puede aplicarse a cualquier cristal y piedra.

Utilizar un eclipse

Al igual que el poder de la luz de la luna puede purificar sus piedras, también puede hacerlo su ausencia. De hecho, tanto los eclipses lunares como los solares son conocidos por liberar una enorme cantidad de energía y, en cierto modo, anuncian un nuevo comienzo. Puede utilizar esta energía fresca y sobrecargada en sus cristales para motivarse a seguir adelante con su vida, incluso si tiene que tomar decisiones radicales.

Al igual que en el método anterior, tendrá que colocar su cristal en el exterior para exponerse al eclipse lunar o solar y a su energía. Es importante tener en cuenta que si hace esto durante un eclipse solar, solo debe utilizarlo en gemas que no se dañen con la luz del sol cuando salga.

Remojarse en agua salada

El agua salada ha desempeñado un papel en la curación de los chakras desde que existen para la humanidad, y también funciona para rejuvenecer la energía de los cristales. Sumergir sus piedras en agua salada las despoja de la energía tóxica y les proporciona un suave flujo de energía fresca. Aunque la forma más natural de agua salada es el mar y el océano, también puede utilizar agua salada manualmente si esta es la única forma disponible.

Coloque sus cristales en un cuenco grande, vierta agua salada sobre ellos y déjelos absorber la energía durante 12-24 horas. Después, saque sus gemas del agua, séquelas y estarán listas para usar. Desgraciadamente, no todos los cristales se comportan bien en el agua, así que asegúrese de no utilizar este método con ellos.

Emborronar

El emborronamiento es un método muy sencillo pero eficaz para purificar sus cristales. Es una técnica antigua aplicable a cualquier piedra. El emborronamiento consiste en quemar plantas o hierbas curativas y utilizar su humo para limpiar el objeto que elija. La lavanda, el cedro y la hierba dulce son algunas de las opciones populares de materiales que se utilizan para el emborronamiento. La salvia también se utiliza a menudo, ya que tiene un efecto calmante que, cuando se infunde en los cristales, proporciona un elemento curativo adicional para sus chakras.

Reúna sus hierbas en un manojo y enciéndalas por un lado. Cuando empiecen a humear, empiece a agitarlas sobre su cristal. Puede hacerlo en el interior, junto a una ventana abierta, o en el exterior, al aire libre, para que la energía negativa abandone el espacio lo más rápidamente posible. Continúe emborronando durante al menos 30 segundos.

Tomar el sol

Al igual que el sol tiene el poder de revivir la naturaleza en primavera, también puede dar nueva vida a sus piedras y cristales. El mero hecho de sentir el calor que emana de una piedra recién recargada puede hacer maravillas en sus chakras.

Cuando sepa que el tiempo será soleado durante todo el día, coloque las gemas en el exterior por la mañana y recójalas cuando caiga la noche. Tenga cuidado al hacer esto con las piedras más oscuras, ya que podrían desvanecerse y perder parte de su capacidad vibratoria. No deben dejarse fuera más de tres horas seguidas.

Utilizar las frecuencias del sonido

Esencialmente, el sonido se compone de vibraciones, que los cristales y las piedras absorben, cambiando su propia vibración. Es un método cómodo, seguro y eficaz para purificar sus gemas. Los cantos, las campanas y otros métodos se utilizan a menudo para elevar las vibraciones de los cristales. Para obtener el mejor resultado, es conveniente hacerlo un par de veces al día, unos minutos cada vez.

Piedras más grandes

Algunas piedras más grandes pueden transferir algunas de sus vibraciones a otras más pequeñas, lo que le proporciona otra forma sencilla de limpiar y recargar sus cristales curativos. Todo lo que tiene que hacer es dejar las gemas pequeñas encima de las más grandes durante un par de horas. Si su forma no lo permite, puede simplemente ponerlas juntas en una bolsa y esperar hasta que la transferencia haya terminado.

Entierro de piedras

Los cristales utilizados para equilibrar o sanar el chakra raíz se beneficiarán especialmente de ser enterrados. Esto les permite absorber la energía natural de la tierra y enraizarla cuando sea necesario. La tierra también absorberá cualquier mala energía contenida en sus cristales.

Encuentre un lugar en el que vaya a enterrar sus piedras, haga un agujero de unos pocos centímetros, coloque su piedra en él y cúbralo con tierra. Déjela durante 24-72 horas, dependiendo del propósito futuro y del uso anterior del objeto.

Capítulo 8: Aromaterapia del chakra raíz

Para entender la aromaterapia del chakra raíz, es necesario comprender el concepto fundamental de la energía vibratoria. Nuestro cuerpo está compuesto por muchos átomos que vibran en varias longitudes de onda distintas. Cuando estamos estresados física o mentalmente, las vibraciones de nuestro cuerpo se desincronizan rápidamente. La terapia vibracional puede ayudar al cuerpo a recuperar su ritmo natural fundamental. Muchas terapias le ayudarán a equilibrar sus chakras internos, como el yoga, la medicina tradicional china, la aromaterapia, etc. En este capítulo, aprenderá sobre la aromaterapia del chakra raíz.

Los aceites esenciales se utilizan para la aromaterapia del chakra raíz
https://pixabay.com/es/photos/aceites-esenciales-aromaterapia-spa-1433692/

En la aromaterapia del chakra raíz, los aceites esenciales se utilizan para alterar nuestras vibraciones profundas y nuestra salud espiritual. Nos basamos en los atributos energéticos o vibratorios de los aceites en lugar de sus capacidades fisicoquímicas. Todos los tipos de aceites esenciales tienen el poder de afectar a nuestra salud fisiológica, psicológica, espiritual e intelectual. Cuando nuestro Muladhara (Chakra Raíz) está perturbado o bloqueado debido a vibraciones desequilibradas en el cuerpo. Entonces, es preferible equilibrar estas vibraciones con la ayuda de los aceites esenciales antes de que se convierta en una enfermedad física.

Cómo ayuda la aromaterapia a equilibrar el Muladhara

La aromaterapia es un procedimiento en el que los aceites esenciales curan la salud mental y física de una persona. Incluye el uso de diversos aceites esenciales como el de cedro, sándalo, abeto blanco, lavanda, etc. Los aceites esenciales se extraen de raíces, cortezas, cáscaras, pétalos de flores, hierbas y árboles.

Uno de los beneficios más comunes de este tipo de terapia es el alivio de la tensión, el nerviosismo y la angustia, que suelen estar presentes en nuestra vida cotidiana. Otro beneficio importante que notará al utilizar estos aceites esenciales es una mayor sensación de calma y serenidad. También ayudan a mejorar la calidad del sueño y son muy beneficiosos para las personas que padecen dolores crónicos o persistentes. Los numerosos beneficios de estos mágicos aceites esenciales no acaban aquí; también son beneficiosos para los problemas de salud a largo plazo relacionados con la pérdida de memoria.

¿Por qué la aromaterapia es apropiada para el chakra raíz?

Los seres humanos han utilizado las plantas por sus increíbles cualidades medicinales desde la antigüedad. La energía calmante de los aceites se experimenta cuando se inhala el aroma, se utilizan directamente en el cuerpo o se masajea la cara con ellos. Existen muchos métodos para utilizar los aceites esenciales en su vida diaria. Cada planta tiene sus características terapéuticas únicas que conectan con los puntos energéticos naturales de su cuerpo.

Cada chakra tiene un aceite esencial que funciona mejor para sanarlo. Las cualidades de la aromaterapia que se exponen a continuación indican su idoneidad para el chakra raíz:

Le ayuda a calmarse

Cuando esté lidiando con pensamientos abrumadores, masajear aceites esenciales en su cuerpo puede ayudarle a calmarse. También puede respirar sus encantadores aromas, ya que el aroma hace que sus ojos se expandan y su cuerpo cree enzimas que hacen que el tejido de su sistema vascular descanse. También hace que la presión de su torrente sanguíneo descienda, lo que conduce a un ritmo cardíaco más estable.

Ayuda a mejorar el sueño

Según las investigaciones, dos de cada cinco personas no duermen lo suficiente. Por otro lado, la aromaterapia puede ayudar considerablemente a calmar el cuerpo y el cerebro. Prepara su cuerpo para el descanso y le ayuda a relajarse si utiliza aceites esenciales cada noche.

Ayuda con el estrés

Hacer frente a su estrés es esencial para llegar al final del día cuando todo se le va de las manos. Los aceites esenciales pueden ayudarle a reducir su estrés. Los aceites de madera, como el incienso y el sándalo, pueden ser ideales si su angustia le está haciendo la vida imposible.

En lugar de tomar café o artículos azucarados para aumentar su energía por la mañana, es más apropiado utilizar la aromaterapia infundiendo aceites esenciales en su vida diaria.

Aceites esenciales para equilibrar sus chakras raíz

La aromaterapia ofrece potentes efectos terapéuticos que ayudan a las personas a sentirse cómodas y seguras. Puede utilizar aceites esenciales en la aromaterapia, como el sándalo, la madera de cedro, el aceite de pachulí y muchos más. A continuación se comentan algunos de ellos:

Aceite esencial de madera de cedro

El aceite esencial de madera de cedro se obtiene de las ramas, los foliolos, el tronco y las semillas del árbol de cedro. Posee varias cualidades que lo convierten en una opción increíble para ayudar a la apertura y el equilibrio de Muladhara. Uno de los mayores beneficios es que ayuda a reducir los problemas de inflamación de los huesos, que pueden causar fuertes dolores y agonía. Otro beneficio médico notable del aceite esencial de madera de cedro es su capacidad para aliviar los espasmos. Este aceite puede tratar casi todas las formas de espasmos. También puede utilizarse como tónico para la salud porque mejora el metabolismo. Corrige el funcionamiento del riñón y del hígado, lo que a su vez mejora el bienestar general.

Otro aspecto terapéutico del aceite de madera de cedro es que actúa como diurético, por lo que aumenta la micción, ayudando a liberar el agua y las toxinas sobrantes (como el ácido úrico) del cuerpo. El aceite de madera de cedro no solo corrige la menstruación, sino que también regula el ciclo menstrual. Por ello, es ideal para quienes tienen la menstruación bloqueada o irregular. Las molestias y los efectos secundarios de la menstruación, como las enfermedades, el agotamiento y los cambios de humor, también pueden equilibrarse utilizando diariamente aceite de madera de cedro.

Además, el aceite de madera de cedro puede utilizarse para aliviar las molestias. Ayuda a eliminar la tos y elimina la flema de las fosas nasales y los pulmones. También ayuda con las migrañas, los ojos rojos e hinchados y otros síntomas del resfriado. El aceite de madera de cedro es un potente sedante con un impacto relajante y calmante sobre la psique. Alivia la tensión y la ansiedad a la vez que reduce la irritación de la piel. Esta función también ayuda a promover un sueño bueno, reparador y sin interrupciones.

Aceite esencial de incienso

Los aceites esenciales, como el aceite de incienso, se han utilizado en aromaterapia durante cientos de años por sus características medicinales y curativas. Se sabe que el aceite de incienso regula la respiración y el ritmo cardíaco cuando hay una agitación de emociones y/o estrés. Posee propiedades ansiolíticas y antidepresivas, pero no tiene efectos secundarios perjudiciales ni provoca una somnolencia indeseable, a diferencia de los fármacos. De hecho, este aceite tiene propiedades de refuerzo inmunológico que pueden ayudar a la destrucción de los gérmenes dañinos. Puede evitar que los gérmenes crezcan en su piel, boca o en su casa.

Además, este aceite puede fortalecer la piel y aumentar el tono, la elasticidad y los sistemas de defensa de una persona contra las infecciones o las manchas. Puede utilizarse para tonificar y levantar la piel, curar heridas y minimizar la aparición de cicatrices y acné. Según las investigaciones, el aceite de incienso puede ayudar a aumentar la memoria y las capacidades cognitivas. El uso del incienso durante el embarazo mejora la memoria de la madre y del niño. Además, el aceite de incienso disminuye los síntomas relacionados con la menstruación y la menopausia al regular los niveles hormonales. En las mujeres premenopáusicas, el aceite de incienso puede ayudar a regular la producción de estrógenos.

Los numerosos beneficios del aceite de incienso no terminan aquí, ya que también ayuda a los movimientos intestinales en el tracto digestivo. También puede ayudar a aliviar el malestar estomacal y los calambres y a drenar el agua retenida en el vientre que causa la hinchazón. Por último, puede ayudar con las preocupaciones y el estrés que le quitan el sueño. Tiene un olor calmante y de anclaje que puede ayudarle a conciliar el sueño fácilmente.

Aceite esencial de sándalo

El siguiente aceite de nuestra lista es el aceite esencial de sándalo, famoso en las prácticas terapéuticas con aromas por sus grandes propiedades medicinales. Ayuda a equilibrar el chakra raíz porque el aceite esencial de sándalo es un remedio natural para mejorar la agudeza mental y la función cerebral. Le ayuda a mantener la calma bajo presión y a pensar con más claridad. Además, el aceite esencial de sándalo es un suave antibacteriano que puede ayudar a prevenir la piel de cualquier enfermedad bacteriana. Tiene varios componentes activos que alivian eficazmente la inflamación.

Además, el aceite esencial de sándalo es famoso por sus efectos relajantes. Oler el aceite esencial puede ayudar a producir una sensación de relajación y calma, lo que puede ayudar a reducir la ansiedad y los problemas relacionados con la depresión. Otro beneficio buscado del sándalo es que también ayuda a aliviar la ansiedad, que es uno de los signos clásicos de un chakra raíz bloqueado: este calmante moderado del sistema nervioso ayuda a aliviar el insomnio y favorece un mejor sueño.

Aceite esencial de pachuli

El aceite de pachuli tiene una larga y complicada historia, al igual que su aroma. El aceite de pachulí se extrae de las hojas meticulosamente marchitas de la planta de pachulí. Es un arbusto verde que crece hasta aproximadamente un metro de altura y está emparentado con la planta de la menta.

Curiosamente, el pachulí tiene un aroma único y potente. Como muchos de los otros aceites esenciales para el chakra raíz de nuestra lista, tiene una fragancia terrosa y amaderada. Sin embargo, tiene un aroma almizclado, dulce y algo picante. El aceite esencial de pachulí ayuda a reparar y regular el chakra raíz infundiendo emociones de seguridad y tranquilidad. Este aceite también puede ayudarnos a sentirnos menos inseguros, solos y ansiosos. Nuestro chakra raíz se bloquea con frecuencia debido a la falta de necesidades fundamentales, a saber, la protección y la estabilidad. Por ello, el pachulí es uno de los aceites esenciales más eficaces para desbloquear, equilibrar y alinear.

Aceite esencial de vetiver

También se le conoce como el "aceite de la calma". Es uno de los aceites esenciales más sugeridos para regular el chakra raíz. Tiene un aroma natural que a veces se compara con el de la hierba cortada en un caluroso día de verano. Tiene una fragancia terrosa, ahumada y amaderada. El aceite de vetiver se extrae de las raíces maduras y sumergidas de las plantas de vetiver. En la actualidad se cultiva habitualmente en muchos lugares tropicales.

Es bien conocido por sus propiedades de enraizamiento y su capacidad para ayudar al cuerpo, el cerebro y el centro del alma y para la regulación de los chakras. Asimismo, el vetiver también favorece la tranquilidad y el sosiego. Esto ayuda a reducir el estrés, la ansiedad y el malestar. Uno de los signos más frecuentes de un chakra raíz bloqueado es la inestabilidad emocional. El vetiver ayuda a desarrollar un sentimiento de conexión y significación en la propia vida. También puede ayudar con los dolores musculares y las quemaduras a nivel físico.

Aceite esencial de albahaca

Este aceite se extrae de las hojas de albahaca. El aceite esencial de albahaca tiene un aroma agradable, fragante, refrescante, floral y limpiamente herbáceo, descrito como ventoso, brillante y refrescante. La albahaca, de la que se dice que tiene una influencia calmante sobre la psique, se ha utilizado con diversos fines y está disponible en una variedad de tés, polvos secos y aceites. Sus propiedades antiinflamatorias, oxidativas, antibacterianas, antivirales y antidepresivas la convierten en un ingrediente popular en la medicina tradicional asiática.

Se utiliza en aromaterapia para aliviar o eliminar los dolores de cabeza, el agotamiento, la melancolía y las molestias del asma e inspirar la perseverancia psicológica. Ayuda a las personas con problemas de atención, alergias, senos nasales obstruidos o virus. Además, el perfume de la albahaca repele a los insectos. Acaba con los gérmenes que generan olores en las habitaciones, desodorizando eficazmente el aire viciado de los interiores, como los automóviles e incluso los muebles sucios. Sus características digestivas alivian el malestar, los espasmos, las náuseas, la diarrea y todos los indicadores de anomalías metabólicas.

Se dice que el aceite esencial de albahaca rejuvenece, estimula y favorece la restauración de la piel cicatrizada o deslucida cuando se utiliza de forma tópica. Se suele utilizar para ayudar a la flexibilidad y resistencia de la piel. También es útil para regular la producción de grasa, calmar los brotes de acné, aliviar la sequedad y calmar los síntomas de las infecciones cutáneas y otros trastornos.

El aceite de albahaca dulce es reconocido por añadir un aroma agradable y refrescante a cualquier champú ordinario, impulsar la circulación, controlar la producción de grasa del cuero cabelludo y promover el desarrollo saludable del cabello para detener o frenar su caída. Elimina eficazmente cualquier acumulación de piel muerta, suciedad, grasa, contaminantes ambientales y gérmenes del cuero cabelludo, hidratándolo y limpiándolo. El aceite de albahaca dulce contribuye a la apariencia y al tacto de unas hebras sedosas y brillantes al demostrar estas capacidades de limpieza y aclaración.

Aceite esencial de abeto blanco

Tiene un aroma claro y nítido similar al de un bosque. Puede utilizarse directamente o de forma aromática para promover la relajación, la estabilización e incluso los beneficios revitalizantes para la persona con un chakra raíz desequilibrado. Es un aceite esencial único que puede calmar la piel, reducir la tensión y mejorar el entorno.

Puede abrir su chakra raíz reduciendo la ansiedad, el desasosiego y la pereza. Algunos de los beneficios más destacados de este aceite esencial es que tiene un aroma sereno y calmante que puede ser de gran beneficio después de una actividad intensa. Masajee el aceite de abeto blanco sobre la piel después de una actividad fuerte y regular para obtener estas ventajas. Además, cuando esté cansado o perezoso, puede utilizar simplemente el aceite esencial de "abeto blanco" para obtener un efecto energizante. Cuando también se sienta inquieto, puede utilizar el abeto blanco para evocar sentimientos de estabilidad.

Cómo utilizar los aceites esenciales para el chakra de la raíz

Los aroma terapeutas suelen recomendar dispersar los aceites esenciales en la atmósfera o en el agua. También recomiendan aplicarlos directamente en varias zonas del cuerpo cercanas al chakra que se pretende regular. Por otro lado, el chakra raíz es uno de los más sencillos de abrir y equilibrar porque no requiere el uso de dispersión en agua o aire. Para activar este chakra y sentirse más arraigado y conectado a la tierra, aplique los aceites esenciales sugeridos para el chakra raíz *directamente en la planta de los pies.*

Algunas precauciones a tener en cuenta

Antes de empezar a utilizar los aceites esenciales, debe tener en cuenta algunas cosas. Esto se debe a que los aceites esenciales son bastante potentes e inmensamente útiles para abrir los chakras. Sin embargo, debe ser precavido al utilizarlos. A continuación se indican algunas de las precauciones que debe tomar:

1. Los aceites esenciales no deben utilizarse en recién nacidos ni en niños menores de tres años, ni en mujeres embarazadas o en período de lactancia. Cualquier persona con problemas cerebrales o neurológicos o con grandes dificultades de salud no debe utilizarlos sin consultar a su médico o aroma terapeuta.

2. Nadie debe tomar inyecciones de aceites esenciales. Son bastante perjudiciales. 3. Evite aplicar los aceites esenciales directamente en los párpados o en las regiones oculares, a menos que haya una orientación médica prescrita. Los aceites

esenciales no deben salpicarse ni frotarse directamente en la nariz o las orejas. Para masajear las regiones prohibidas, puede seguir utilizando una mezcla de aceite esencial diluida al 10% en aceite vegetal.

3. Para asegurarse de que no hay respuesta alérgica en la piel, haga una prueba en el pliegue interior del codo y espere 24 horas. 4. No utilice nunca un aceite esencial si no ha aprendido primero a utilizarlo correctamente. Busque siempre el consejo de un experto en salud si tiene alguna duda.

4. Después de utilizar un aceite esencial, lávese bien las manos. Asegúrese de que los toma en la proporción exacta (como se recomendó) y según las instrucciones de cada uno de ellos. Los aceites esenciales deben mantenerse fuera del alcance de los niños y los animales.

Capítulo 9: Dieta y nutrición del Muladhara

Los cristales, las meditaciones, el yoga, las afirmaciones, los pranayamas y los mantras no son las únicas cosas que pueden abrir su chakra raíz. Comer los alimentos adecuados también puede abrir y equilibrar su Muladhara. La comida y los chakras están conectados porque los chakras son los centros de energía de nuestro cuerpo, y la comida proporciona energía al cuerpo físico. Por eso, cuando comemos los alimentos adecuados, nuestros chakras permanecen abiertos, lo que facilita el flujo de energía en nuestro cuerpo. Además, los alimentos tienen una vibración muy específica de la que se alimentan nuestros chakras, lo que acaba por activarlos.

Una dieta saludable es esencial para equilibrar su chakra raíz
https://unsplash.com/photos/qKbHvzXb85A

La alimentación desempeña un papel enorme en el equilibrio del chakra raíz más que cualquiera de los otros seis chakras. Esto se debe a que es el chakra base y está conectado con la Tierra, de donde provienen los alimentos. Cualquier cosa que provenga de la Tierra contiene su energía, que estabilizará y equilibrará su chakra raíz.

Todos conocemos los numerosos beneficios de comer alimentos saludables cada día, pero ahora puede añadir a estos beneficios el equilibrio de su chakra raíz. Debería centrarse principalmente en la carne, las legumbres, los frutos secos, los cereales y las verduras de raíz. Estos alimentos aumentarán el flujo de energía en el Muladhara.

Los mejores alimentos para el chakra raíz

Cuando se trata de elegir los mejores alimentos para sanar y abrir su chakra raíz, piense en el rojo. El rojo es el color asociado al Muladhara, así que tiene sentido que todos los alimentos del mismo color equilibren el chakra base.

Descargo de responsabilidad: Antes de seguir adelante, es importante señalar que no somos nutricionistas. Siempre debe consultar a su especialista en salud antes de hacer cualquier cambio drástico en su dieta, especialmente si tiene alguna enfermedad subyacente.

Alimentos rojos

Como hemos mencionado, los alimentos rojos totalmente naturales son perfectos para su chakra raíz. De hecho, incorporar ingredientes rojos en sus comidas es la forma más rápida y fácil de ayudar a restaurar el Muladhara. El chakra raíz es el responsable de la salud de sus glándulas suprarrenales, de sus huesos y de su piel, que requieren vitamina C. Encontrará esta vitamina en varias frutas y verduras rojas como las manzanas, las fresas, los tomates, las cerezas, las uvas, las remolachas, las ciruelas rojas, la guayaba, las grosellas rojas, la col roja, las frambuesas, el ruibarbo, la sandía, las acelgas, los arándanos y las granadas.

Carnes rojas

Las verduras y frutas rojas no son los únicos alimentos que energizan el chakra de la raíz, sino que la carne roja también puede hacer el mismo trabajo, especialmente porque la carne roja contiene hierro y proteínas, que pueden proporcionar al cuerpo más energía para mantenernos con los pies en la tierra. La ternera, el venado, la ternera, el cordero y la cabra son algunas opciones excelentes.

Huevos

Ya que estamos hablando de proteínas, no podemos olvidarnos de los huevos. Contienen proteínas y vitaminas muy beneficiosas para el chakra raíz. Por tanto, asegúrese de añadir a su dieta huevos de gallina y de codorniz.

Proteínas

El pollo, el pescado y el cerdo también desempeñan un gran papel en la activación y dinamización del chakra de la raíz.

Alimentos con alto contenido en proteínas

Si es usted vegano, no se preocupe, no nos hemos olvidado de usted. Puede abrir su chakra raíz sin consumir carnes rojas ni huevos, ya que hay muchos otros alimentos veganos que pueden hacer el mismo trabajo como los productos de soja, el tofu, los anacardos, las judías, los nibs de cacao, el edamame, las espinacas, los garbanzos guisantes verdes, guisantes de ojo negro, brócoli, lentejas, quinoa, mantequilla de cacahuete, tahini, nueces, almendras, cacahuetes, semillas de chía, semillas de cáñamo, leche de cáñamo, tempeh, judías negras, amaranto, semillas de calabaza, espirulina y semillas de girasol.

Pimientos picantes

¿Le gusta la comida picante? Entonces seguramente le encantará este ingrediente. Los pimientos picantes son conocidos por ser ardientes, lo que suele provocar una reacción física que nos hace más conscientes de nuestro cuerpo. Esta sensación de ardor también potencia nuestra energía. La próxima vez que cocine y quiera añadir un poco de picante a su plato, debería probar los jalapeños rojos, los poblanos, los chipotles, los pimientos rojos dulces, los pimientos hatch, los anchos o los serranos.

Verduras de raíz

¿Se le ocurre algún alimento que le proporcione más energía terrestre que las hortalizas de raíz? Las hortalizas de raíz crecen bajo tierra, lo que las convierte en los mejores ingredientes para mantenernos enraizados y conectados con la Tierra. La Madre Tierra siempre está pendiente de nosotros y nos proporciona poderes curativos. Así que, cuando experimente un chakra profundamente bloqueado, escarbe en la tierra para encontrar remedios en verduras como el ajo, el jengibre, el ñame, las cebollas, las patatas, el rábano, las zanahorias, los nabos, las chirivías, el colinabo, la cúrcuma, el apio, las chalotas y el té de raíz de diente de león.

Granos

Nadie puede negar los beneficios para la salud de los cereales, y equilibrar el chakra raíz es uno de ellos. El trigo sarraceno, la avena integral y el bulgur son carbohidratos que proporcionan al cuerpo las fibras y la energía que necesita para activar el chakra de la raíz. Asegúrese de que solo compra cereales integrales y compruebe primero los ingredientes.

Especias

Añada rábano picante, cayena, cebollino y pimentón a sus platos siempre que sienta cualquier síntoma de un chakra raíz bloqueado.

Añadir estos alimentos a su dieta hará maravillas en su chakra raíz. Es esencial tener en cuenta que debe añadir a su dieta alimentos naturalmente rojos, no alimentos coloreados artificialmente o con tinte rojo. Además de que los colores artificiales son perjudiciales para la salud, no obtendrá ningún beneficio, ya que los alimentos no son realmente rojos. En otras palabras, no puede engañar a su chakra.

Recetas para el Muladhara

Ahora que ya conoce todos los alimentos que pueden equilibrar su chakra raíz, hemos llegado a la parte más interesante de este capítulo. Vamos a ofrecerle algunas recetas fáciles, sanas y deliciosas que beneficiarán al Muladhara.

Patatas rellenas

Esta receta le ayudará si se siente inquieto y estabilizará su chakra raíz.

Ingredientes:

- 4 patatas (dulces o rojas)
- 2 dientes de ajo
- 1 ½ cebollas rojas
- 1 taza de champiñones
- 1 taza de col rizada
- Aceite de semillas de uva (o cualquier aceite que prefiera)

- 1 taza de alubias rojas

Condimento

- Sal
- Pimienta
- Perejil

Instrucciones

1. Caliente el horno a 175 C.
2. Lave las patatas.
3. Haga algunos agujeros en las patatas.
4. Cúbralas con el aceite.
5. Vierta una pequeña cantidad de sal sobre las patatas.
6. Ponga las patatas en el horno durante una hora.
7. Ahora, saltee los guantes de ajo y ½ de la cebolla roja.
8. Cuando estén translúcidos, añada las alubias rojas.
9. Saltee esta mezcla durante 3 minutos.
10. Ahora añada la cebolla roja picada, la col rizada y los champiñones.
11. Añada la sal, la pimienta y el perejil.
12. Cuando las patatas estén hechas, córtelas por la mitad.
13. A continuación, añada la mezcla salteada en el centro de las patatas.
14. Hornear durante unos 10 minutos.

Sopa de batata y chirivía

Ingredientes:

- 2 batatas grandes
- 2 chirivías grandes
- 2 cucharadas de pasta de curry rojo
- 1 taza de caldo de verduras
- 1 taza de leche de almendras sin azúcar
- 1 ½ cucharada de jengibre fresco picado
- 1 cebolla picada

- 1 cucharadita de ajo rallado
- 1 cucharada de aceite de coco
- 1 jalapeño picado
- 1 puñado de nueces tostadas picadas
- 1 puñado de cilantro fresco picado

Instrucciones:
1. Pele y corte en dados los batatas y las chirivías.
2. Tome una cacerola grande.
3. Añada el aceite de coco.
4. Caliéntelo a fuego medio-alto.
5. Añada el jengibre, el ajo, la cebolla y el jalapeño a la cacerola.
6. Saltéelos durante 5 minutos o hasta que la cebolla se aclare.
7. Añada la pasta de curry y mézclela con los ingredientes durante 1 minuto.
8. Ahora añada las batatas (también puede añadir zanahorias junto con las patatas).
9. Añada la sal y la pimienta.
10. Revuelva todo junto durante un rato.
11. Vierta el aceite de almendras.
12. Añada el caldo vegetal.
13. Hervir la mezcla.
14. A continuación, ponga el fuego a bajo.
15. Deje que la mezcla hierva a fuego lento durante 20 o 25 minutos.
16. Compruebe las verduras con un tenedor para asegurarse de que están tiernas.
17. Ahora, coja una batidora.
18. Añada la sopa en tandas y haga un puré.
19. Una vez que esté hecha puré, pruébela para ver si necesita sazón.
20. Añada las nueces tostadas picadas y el cilantro (opcional).
21. Añada sal y pimienta negra (opcional).

22. Retirar la sopa del fuego.

23. Dejarla unos minutos para que se enfríe.

24. Ponga las verduras en caldo y el jarabe de arce en una batidora.

25. Hacer un puré hasta que tengan una textura suave y cremosa.

26. Sirva y disfrute.

Sopa de verduras de raíz

Ingredientes:

- 4 zanahorias medianas peladas
- 2 tazas de leche de coco sin endulzar
- 2 cucharadas de yogur de leche de coco (sin endulzar)
- 1 ½ pomo de jengibre fresco pelado
- 1 cucharadita de canela
- 1 cebolla amarilla picada
- 1 batata mediano (también puede utilizar ñame)
- 1 cucharadita de curry en polvo
- 1 cucharada de aceite de coco, sin refinar
- 1 cucharadita de sal marina
- 1 taza de caldo vegetal, bajo en sodio
- ½ cucharadita de pimienta negra molida
- ½ cucharadita de nuez moscada molida
- Una pequeña cantidad de ramitas de cachemira

Instrucciones:

1. Añada el aceite de coco a una olla grande.

2. Caliente el aceite a fuego medio.

3. Añada el batata, las zanahorias, el jengibre, el ajo y la cebolla.

4. Saltéelos durante 10 minutos.

5. A continuación, añada la canela, la leche de coco, la nuez moscada, el curry, la sal, la pimienta y el caldo de verduras.

6. Lleve el contenido de la olla a ebullición.

7. Ahora reduzca el fuego un poco para que la mezcla se cocine a fuego lento.

8. Tape la olla y deje que las verduras se cocinen de 15 a 20 minutos

9. Ahora retire la olla y ponga la mezcla en una batidora

10. Haga un puré con la sopa durante un par de minutos o hasta que tenga un aspecto suave

11. Ponga la sopa en tazones

12. Adorne cada cuenco con una ramita de perejil fresco y una cucharada de yogur de coco

Sopa de calabaza de coco al curry rojo

Ingredientes:

- 4 dientes de ajo picados (puede utilizar menos si lo desea)
- 2 libras de calabaza
- 1 cebolla amarilla mediana picada
- 2 cucharaditas de cilantro molido
- 2 cucharadas de aceite de coco (también puede utilizar aceite de oliva)
- 2-3 cucharadas de pasta vegana de curry rojo (preferiblemente tailandesa)
- 1 litro de caldo vegetal
- 1 cucharadita de comino
- ½ taza de copos de coco sin endulzar (para usar como guarnición)
- ¼ de taza de cilantro fresco picado (para utilizarlo como guarnición)
- ¼ de cucharadita de sal marina
- 1 cucharada de zumo de lima, fresco
- ¼ de cucharadita de copos de pimienta roja, triturados

Instrucciones:

1. Ponga el aceite en una olla a fuego medio.
2. Ahora añada los copos de pimienta roja, el comino, la sal, el ajo, el cilantro, la cebolla y la pasta de curry.
3. Remueva los ingredientes para que se mezclen.
4. Deje que se cocine durante 5 minutos.
5. Ahora añada la calabaza.
6. Cocine durante 1 minuto.
7. Añada el caldo y lleve a ebullición.
8. Ahora reduzca el fuego y déjelo cocer a fuego lento de 15 a 20 minutos.
9. Durante este tiempo, coja una sartén mediana.
10. Ponga los copos de coco en la sartén y deje que se tuesten a fuego medio-bajo, y remueva.
11. Siga removiendo hasta que los bordes se doren.
12. A continuación, retírelo del fuego.
13. Compruebe la calabaza; si está blanda, retírela del fuego.
14. Déjela unos minutos para que se enfríe.
15. Ahora ponga la sopa en una licuadora y bátala hasta que quede suave.
16. Ponga la sopa lisa en una olla grande.
17. Añadir el zumo de lima a la sopa y remover.
18. Adorne la sopa con cilantro fresco y copos de coco tostados.

Batido de remolacha

Ingredientes:

- 1 taza de fresas
- 1 taza de remolacha (cortada en cubos)
- ½ taza de leche vegana
- ½ taza de yogur vegano

Instrucciones:

1. Ponga todos los ingredientes en una licuadora.

2. Bátalos durante 1 o 2 minutos o hasta que se forme una textura de "batido".

3. Viértalo en un vaso y disfrute.

Tazón de tofu y quinoa

Ingredientes:

- 2 tazas de tofu, cortado en cubos
- 3 dientes de ajo pelados y picados
- 2 tazas de brócoli, picado
- 2 cucharaditas de jengibre
- 2 cucharaditas de Bragg's Liquid Amino
- 2 cucharaditas de cúrcuma
- 2 cucharaditas de salsa de soja
- 1 ½ tazas de agua
- ½ de una cebolla grande picada
- 1 taza de quinoa
- 1 cucharada de miel
- 1 cucharada de arándanos rojos
- 1 ramita de perejil picado
- 1 taza de coliflor
- 1 cucharada de aceite de oliva
- 1 cucharada de nueces picadas
- 1 cucharadita de semillas de hinojo
- ½ taza de zumo de lima
- 1 cucharada de almendras picadas
- Sal y pimienta

Instrucciones:

1. Añada agua a una cacerola y llévela a ebullición.

2. Ahora añada la salsa de soja, el jengibre, la quinoa, el zumo de lima y la cúrcuma.

3. Cuando los ingredientes hiervan, reduzca el fuego a medio-bajo.

4. Déjelo hasta que la quinoa se vuelva esponjosa.

5. Retire la sartén del fuego.

6. Añada el aceite de oliva a una sartén a fuego medio-alto.

7. A continuación, añada el ajo.

8. Deje que se saltee durante un minuto sin dejar de remover.

9. Ahora añada el Bragg's Liquid Amino, el tofu, las semillas de hinojo y la cebolla.

10. Cuando el tofu se dore, retire la sartén del fuego.

11. Ahora añada el jengibre, la miel, el brócoli, las nueces, la salsa de soja, las almendras, la coliflor, la cúrcuma y los arándanos secos.

12. Deje que los ingredientes se salteen hasta que la coliflor y el brócoli estén cocidos.

13. A continuación, retire la sartén del fuego.

14. Añada los ingredientes de la sartén.

15. Incorpórelos a la quinoa con cuidado.

16. Añada sal y pimienta a su gusto.

17. Adorne el plato con perejil

Chips de verduras de raíz

Ingredientes:

- 1 batata
- Sal marina
- 2 remolachas grandes
- 3 cucharadas de aceite de coco
- 2 chirivías

Instrucciones:

1. Precaliente el horno a 150 C.

2. Pele las verduras.

3. Córtelas en rodajas.

4. Añada el aceite y la sal.

5. Mézclelos.

6. Deje que se horneen de 25 a 40 minutos.

7. Cuando las patatas fritas se sequen, significa que están hechas.

8. Deje que se enfríen para que queden crujientes.

Brownies de chocolate y remolacha (sin gluten)

Ingredientes:

- 4 cucharadas de cacao desaceitado
- 1 remolacha rallada
- 1 huevo ecológico
- 2 cucharaditas de bicarbonato de sodio
- 2 cucharadas de jarabe de arce
- 1 cucharadita de vainilla
- 175 almendras (también puede utilizar cacahuetes o anacardos)
- Una pizca de sal marina
- 5 cucharadas de azúcar de coco

Instrucciones:

1. Precaliente el horno a 180 C.

2. Mezclar los huevos y la vainilla con un batidor.

3. Ahora, añada todos los ingredientes a un bol grande

4. Mezcle hasta que la masa se vuelva muy pegajosa.

5. Consiga un molde para hornear de 9x9 pulgadas.

6. Forrarlo con papel pergamino.

7. A continuación, extienda la masa de manera uniforme en el molde.

8. Deje que se hornee durante 35 minutos.

9. Espolvoree los brownies con más cacao.

Verduras de raíz asadas con tofu crujiente

Ingredientes de las verduras:

- 6 cucharadas de aceite de oliva
- 2 cucharaditas de ralladura de limón
- 2 cucharaditas de tomillo seco con 1 cucharadita de té
- 3 cucharadas de perejil fresco picado
- 4 zanahorias peladas y cortadas en rodajas
- 3 patatas peladas y cortadas en cubos
- 2 batatas pelados y cortados en cubos
- 3 cucharadas de vinagre balsámico

Ingredientes del tofu

- 2 huevos
- 1 cucharadita de ajo en polvo
- 454 g de tofu firme (1 bloque)
- 4 cucharadas de perejil fresco
- 1 cucharadita de salsa de soja (reducida en sodio)
- ½ taza de harina
- 1 cucharada de jarabe de arce
- Le recomendamos que prepare primero el tofu.

Preparación del tofu:

1. Corte el bloque de tofu en cubos pequeños.
2. Añada la salsa de soja, el jarabe de arce y el ajo en un bol grande.
3. A continuación, añada los cubos de tofu y remueva hasta que el tofu quede cubierto por la salsa.
4. Cubra el bol y déjelo marinar durante 15 minutos (puede tardar más).
5. Precaliente el horno a 200 C.
6. Consiga 2 platos hondos
7. Ponga la harina en uno y los huevos en el otro

8. Bata los huevos

9. Enharinar los cubos de tofu.

10. A continuación, sumérjalos en los huevos batidos y vuelva a enharinarlos.

11. Prepare una bandeja para hornear forrada con papel pergamino y añada los cubos de tofu a la bandeja.

12. Deje que se horneen durante 20 minutos, dándoles la vuelta a mitad de camino.

Instrucciones:

1. Precaliente el horno a 200 C.

2. Añada 6 cucharaditas de aceite de oliva y 2 cucharaditas de tomillo en un bol grande.

3. Mézclelos.

4. A continuación, añada las patatas, los batatas y las zanahorias y remuévalos para cubrirlos.

5. Ahora coloque las verduras en una hoja forrada con papel pergamino en una sola capa. Sazone con sal y pimienta a su gusto.

6. Deje que las verduras se horneen durante 40 minutos.

7. Añada el tofu después de 20 minutos (deben estar dorados y crujientes cuando estén hechos), y asegúrese de remover con frecuencia.

8. Cuando las verduras estén doradas, significa que están hechas.

9. Añada el vinagre balsámico en un bol pequeño.

10. A continuación, añada el resto del tomillo y el aceite de oliva para hacer una vinagreta.

11. Antes de servir el plato, vierta la vinagreta sobre las verduras asadas.

12. Ahora espolvoree la ralladura de limón y el perejil.

Asegúrese de seguir todas las instrucciones exactamente como se mencionan, pero puede experimentar con diferentes ingredientes si lo desea. Sin embargo, asegúrese de que opta por ingredientes de los que hemos mencionado al principio del capítulo para activar su chakra raíz. Recuerde utilizar alimentos rojos cuando cocine y disfrute de comidas sanas y deliciosas que sanarán su chakra raíz.

Capítulo 10: Rutina de 7 días para Muladhara

El equilibrio de Muladhara es esencial para el bienestar intelectual, fisiológico y espiritual. Cuando su chakra raíz funciona mal, puede sentirse insolidario, sin confianza, sin ganas de ser realista e improductivo. Sin la energía sustentadora de un chakra raíz sano, puede perder su sentimiento de pertenencia y entusiasmo por el mero hecho de ser un miembro del universo.

Según la tradición, existen numerosas técnicas para estimular, regular y reactivar el chakra raíz. Algunas son el movimiento, el sonido, la meditación, las afirmaciones, la respiración y el tacto. He aquí una rutina de siete días para ayudarle a equilibrar su Muladhara:

Actividad del día 1

Es su primer día tratando de equilibrar su chakra interior; es el Chakra Raíz. Hagámoslo sencillo para que no se canse el primer día.

Comience su día con un movimiento ligero mientras camina fuera de su casa. Puede dar un paseo matutino por el parque o por cualquier paisaje abierto. Mientras camina, escuche el piar de los pájaros y huela la fragancia almizclada y herbácea de las flores y plantas. Se sentirá con energía.

Antes de ir al trabajo o a la escuela, tome un baño utilizando un aceite esencial perfumado; calmará sus nervios y le ayudará a equilibrar su chakra raíz.

Durante el día, si está ocupado y no puede dedicar tiempo a la meditación, puede realizar la sencilla chakra raíz. Visualice el color rojo y haga respiraciones largas y constantes. Puede realizar esto en cualquier momento del día o en cualquier lugar.

Su última actividad del día tiene que ser las afirmaciones de mantras. Estas son las afirmaciones positivas que se dirá a sí mismo en voz alta. Esto le ayudará a abrir su chakra raíz, afectando positivamente a su salud mental. Esta afirmación puede ser cualquier cosa como "Está bien, todo irá bien".

Actividad del día 2

Comience el día realizando yoga. Limítese a las posturas de Sukhasana. Son las más fáciles. Este es un método excelente para comenzar el día, ya que le ayudará a crear un propósito y a mantenerse centrado.

Encuentre una postura sentada adecuada con las piernas dobladas delante de usted para lograr esta postura. Levante las manos a los lados y coloque suavemente las manos en el regazo o en la parte superior de los muslos. Libere cualquier tensión en el cuello extendiéndolo por la curvatura de las vértebras y dejando caer los hombros hacia abajo. Cierre los ojos e inhale profundamente en su núcleo para ayudarle a concentrarse en su propósito.

Si sigue teniendo pensamientos negativos, también puede salir a correr por la noche. No le mantendrá en forma y físicamente sano, pero le ayudará a mantener su salud mental. Correr significa que está haciendo un movimiento, y por lo tanto este movimiento le ayudará a abrir su Chakra Raíz obstruido.

Puede terminar su día utilizando aceites esenciales para el chakra raíz. Masajéelo directamente en la planta de los pies. También puede utilizar un difusor para difundir su fragancia en su habitación. Al inhalar su aroma, podrá sentirse relajado.

Actividad del día 3

En el tercer día, puede realizar las siguientes dos posturas de yoga:

La postura del niño es una postura relajante en la que su cuerpo se relaja completamente sobre sí mismo. Puede practicar la sumisión y la aceptación en esta postura, ya que la tierra le sostiene por debajo de usted. Es una postura estabilizadora que puede utilizar en cualquier momento de su práctica, especialmente cuando necesite realinearse con su respiración. Adopte una postura sentada en la parte posterior del suelo. Lleve el pecho al suelo y sucumba al peso de su cuerpo. Puede separarse con los codos a ambos lados del cuerpo o extenderse. Respire profundamente y sienta que su columna vertebral se mueve junto con su respiración.

La segunda postura es la de la guirnalda. Esta posición en cuclillas le permite conectar directamente con la tierra al tiempo que calma su espíritu y su alma. Fortalece la parte inferior de la columna vertebral y los pies al tiempo que permite que la pelvis se expanda hacia arriba desde los lados. Doble las dos piernas hasta que las rodillas queden orientadas hacia el cielo, de una en una. La parte trasera de sus muslos debe estar más cerca de sus rodillas. Agáchese y levante el cuerpo hasta un ángulo de 45°, asegurándose de que los dedos de los pies están orientados hacia el exterior. Si sus talones comienzan a levantarse, puede colocar una sábana enrollada debajo de ellos para tener más estabilidad.

A continuación, puede salir al parque o a cualquier otro lugar donde pueda oler las fragancias terrosas de la naturaleza y escuchar sus sonidos. Este olor y este sonido eliminarán sus preocupaciones y su estrés durante todo el día. Si va a un parque, camine descalzo por la hierba. Calmará su dolor corporal y también abrirá su chakra raíz.

Actividad del día 4

El cuarto día, realice el pranayama. Se encarga de guiar el flujo de energía a través de la existencia física. Es beneficioso para la restauración del chakra raíz y la purificación de la frecuencia vibratoria. Aquí tiene dos ejercicios de práctica eficaces:

La nariz alterna es un término utilizado para describir a una persona que respira a través de una cavidad nasal separada que iguala el cerebro, el físico y el espíritu. Proceda descansando en posición de piernas cruzadas. Respire profunda y completamente mientras coloca una palma de la mano sobre la rodilla. Cierre la fosa nasal con la otra mano y respire profundamente por la otra. Ahora alterne entre ambas fosas nasales y respire completamente. Exhale completamente por la fosa nasal izquierda después de inhalar por la nariz. Este ciclo debe repetirse 15 veces.

La respiración refrescante es una forma estupenda de mantener el cuerpo fresco durante el calor del verano y los sofocos. Comience por respirar profundamente mientras cierra los ojos. Haga una forma de "O" con la boca cuando esté preparada. Doble la lengua horizontalmente y empújela hacia fuera de la boca de forma considerable. Inhale lenta y profundamente por la boca como si estuviera sorbiendo por un tubo. Repita el movimiento durante otros cinco minutos, concentrándose en la sensación de alivio.

Después de realizar el pranayama, puede hacer algunos movimientos ligeros. Será suficiente para el día. Por ejemplo, si le gusta la jardinería, pase un rato en el jardín. Mientras trabaja en el jardín, realizará indirectamente Mudras, que significa tocar la tierra o el suelo. Esto aliviará su chakra raíz desequilibrado.

Actividad del Día 5

Comience el Día 5 con algo de movimiento primero. El movimiento de hoy será la danza. Será un ejercicio divertido para usted. Puede poner cualquier sonido que le guste o cualquier canción que le haga moverse. Puede bailar con alguien o incluso puede bailar solo. Aliviará el estrés de su cuerpo.

Su siguiente actividad serán los ejercicios de meditación. La meditación transmite energía calmante a todo el cuerpo. Ayuda a la iluminación al establecer una conexión con la conciencia interior y con Dios, enlazando con una espiritualidad superior de energía global, ya sea la madre tierra, la divinidad o la conciencia iluminada. La meditación también aporta tranquilidad y serenidad. Es buena para todos los chakras, no solo para el chakra raíz. He aquí dos métodos de meditación eficaces:

Empiece por reclinar la espalda en una postura relajada para la meditación de exploración corporal. Relaje su cuerpo haciendo unas cuantas respiraciones profundas en el vientre. Comience por centrar su atención en los dedos de los pies y observe cualquier sensación que se produzca en ellos. Relájese a través del malestar en lugar de resistirse a él. Apriete cualquier tensión o molestia en su cuerpo y visualice que se desvanece. Vaya subiendo por las partes del cuerpo hasta que haya completado un escaneo completo de todo su cuerpo.

También puede practicar la meditación dirigida. Puede empezarla centrándose en algo concreto, incluida la respiración. Simplemente siéntese en una postura relajada, relaje los músculos y respire profundamente en el ombligo. Desplace su atención hacia el objetivo que haya elegido. Preste atención a las sensaciones externas e internas que siente al inhalar y exhalar si ha decidido concentrarse en su respiración.

Por último, tome un baño y añada algunos aceites esenciales. Tiene que pasar al menos 4o minutos en el baño para que los aceites esenciales mezclados actúen correctamente.

Actividad del día 6

En el sexto día, puede empezar el día con afirmaciones positivas. Por ejemplo:

- Será un día maravilloso.

- Si algo va mal, intentaré arreglarlo.

- Si algo me molesta, lo dejaré pasar.

Puede decir tantas afirmaciones positivas como necesite escuchar. Escuchar afirmaciones positivas tendrá un efecto positivo no solo en su salud mental, sino también en sus chakras.

A continuación, realice las siguientes posturas de yoga:

Hoy realizará una postura de flexión hacia delante de pie. Le ayuda a relajar sus pensamientos y establece una sensación de tranquilidad y concentración en su práctica. Esta postura estira físicamente los cuádriceps y libera la tensión en toda la espalda.

Comience en la Postura de la Montaña acercando los pies. Extienda las rodillas con suavidad y pivotee desde la pelvis para doblar las piernas. Ponga las manos en el suelo a su lado. También puede agarrarse a cualquiera de los codos si quiere relajarse aún más en esta postura. Empuje la columna vertebral con cada inhalación y flexione un poco más con cada respiración.

Actividad del día 7

Es el último día para equilibrar su chakra raíz. Hoy también realizará algún movimiento. Pero hoy hará un tipo de movimiento diferente, es decir, senderismo.

Se trata principalmente de una actividad de ocio que consiste en caminar por la naturaleza. El senderismo es una actividad natural que mejora la salud física, es barata, conveniente y le ayuda a equilibrar su chakra raíz. Practicar senderismo en el bosque ofrece varias ventajas, como unas vistas preciosas, aire fresco y los sonidos y fragancias de la naturaleza. Todas estas ventajas le ayudarán a mantener su chakra raíz.

1. Empiece despacio. Los principiantes deberían hacer una caminata corta por el vecindario. Trabaje hasta llegar a senderos que tengan colinas o un terreno variado.

2. Utilice bastones. Presionando contra el suelo e impulsándose hacia delante obliga a las fibras musculares de la parte superior del cuerpo a trabajar más, lo que da lugar a un ejercicio aeróbico más intenso.

3. Diríjase a las colinas. Incluso una pequeña inclinación elevará su ritmo cardíaco y le hará quemar más calorías. Se cree que una elevación de entre el cinco y el diez por ciento produce un aumento del 30 al 40 por ciento en el gasto de calorías.

4. Aumente el volumen. Se pueden trabajar los músculos a la vez que se aumenta el equilibrio y la estabilidad en un terreno irregular.

5. Póngase un peso encima. Debe añadirse peso extra a su mochila.

6. Coja ritmo. En los días en que no pueda ir a los senderos, camine con fuerza por terrenos escarpados mientras lleva una mochila con peso para mantener sus habilidades de senderismo y su nivel de forma física.

Cuando llegue a su destino, masajéese la planta de los pies con un aceite esencial calmante o haga algo de yoga y meditación allí. Sin embargo, hay muchas otras cosas que puede hacer para equilibrar Muladhara. Puede utilizar cristales en su vida diaria, llevar el color rojo o también puede utilizar el mudra en su vida diaria.

El mudra se refiere a menudo a un tipo de yoga llamado yoga del tacto. Indica tocar la tierra mientras se hace yoga. Ayuda a equilibrar las potentes conexiones con el chakra raíz o Muladhara. Este tipo de práctica yóguica tiene sus orígenes en la tradición budista. Es algo que puede realizar cuando se sienta perdido o desapegado.

Cómo hacerla: coloque una palma de la mano sobre el pecho y la otra en el suelo. A continuación, realice diez o más respiraciones lentas y profundas.

Otra estrategia eficaz para equilibrar el chakra raíz es utilizar el color rojo. Dado que el color rojo se asocia con el chakra raíz, se cree que el mero hecho de llevarlo puede ayudar a energizar el chakra raíz. Puede notar cómo se transforma su energía cuando se pone un vestido rojo, un chal rojo o un lápiz de labios rojo. Como el color rojo ajusta su frecuencia y modifica su energía, comprometerse con el color es el enfoque más sencillo y fácil para energizar o equilibrar sus chakras raíz.

También puede utilizar cristales. Ayudan a cualquier chakra, pero suelen proceder de la tierra, por lo que tienen características terrosas del chakra raíz. No solo pueden equilibrar el chakra raíz, sino que también pueden fortalecerlo. Los cristales pueden utilizarse de diversas formas, como decorar su casa con ellos, ponérselos como joyas, y también puede meditar con ellos. Muchos cristales, como el jaspe rojo, la piedra de sangre y la hematites, están conectados específicamente con el chakra raíz. Esperamos que utilice todas estas cosas adicionales para equilibrar el chakra raíz.

Algunas cosas a tener en cuenta

Es posible que se haya preguntado qué se siente al liberar realmente el Muladhara. Pues bien, las personas se sentirán seguras, relajadas y tranquilas cuando el chakra raíz despierte y las energías fluyan libremente. Experimentar emociones arraigadas, vinculadas y protegidas son todos los signos de la apertura del chakra. También puede experimentar calidez, cambios saludables en sus comidas y hábitos de sueño.

Tal vez sienta curiosidad por saber más sobre lo que se conoce como la "sensación del chakra raíz". El chakra raíz se está abriendo y fluyendo si siente sensación en las partes de su chakra raíz. Las plantas de las manos, las plantas de los pies y la cintura pélvica son partes del cuerpo comunes para sentir estas sensaciones durante el equilibrio del chakra raíz.

Debe ser más consciente del Muladhara hiperactivo. Los indicios de una energía Muladhara obstruida son notablemente similares a los de un chakra raíz hiperactivo. Un chakra raíz hiperactivo puede tener un impacto negativo en la salud. El pánico, la preocupación y el terror son síntomas mentales de una disfunción del chakra raíz. Los bajos niveles de autoestima, la ansiedad grave y los problemas de alimentación también son frecuentes en este tipo de personas.

A veces las personas dicen sentir dolor o sentir que su chakra raíz les duele. La presencia de molestias en la zona pélvica es normalmente un síntoma del desequilibrio del chakra raíz. Tiene que entender cómo abrir y equilibrar su chakra raíz: debe comprender que su necesidad básica de sobrevivir implica estar sano.

Bono: Desde la raíz hacia arriba

Al representar la base de su bienestar, el chakra raíz desempeña un papel importante en su vida. Pero aprender a desbloquearlo y equilibrarlo significa mucho más que tener un chakra fuerte. Significa hacer que la fuerza vital suba a sus otros chakras sin interrupción y con más poder que antes. Elevar su energía a los chakras superiores es tan esencial como cuidar sus raíces. Al mismo tiempo, nutrir esos chakras puede ayudar a evitar que la energía negativa penetre en su chakra raíz. En este capítulo, conocerá los chakras superiores, verá cómo sus bloqueos afectan a su salud y qué puede hacer para desbloquearlos.

Chakra sacro

Situado justo debajo del ombligo, el chakra sacro está relacionado con la sensualidad, el placer, la creatividad, el deseo y la autoestima. Está representado por el color naranja y está vinculado al elemento agua. Físicamente, el chakra sacro desempeña un papel en el mantenimiento de la salud de la zona abdominal inferior. Cuando este chakra está bloqueado, puede experimentar cansancio, dolor de espalda baja, infecciones del tracto urinario, impotencia y otros problemas con su zona genital.

Desde el punto de vista emocional, este centro determina cómo expresa sus sentimientos en sus relaciones, así como el grado de creatividad que aporta en ellas. Si le falta deseo en sus relaciones o es incapaz de expresarlo, puede ser un signo de que este chakra está bloqueado. También es posible que le resulte difícil encontrar la alegría en otras áreas de su vida, como si nada pudiera inspirarle a dar rienda suelta a su creatividad.

He aquí algunas formas estupendas de desbloquear su chakra sacro:

- **Yoga:** Las posturas de apertura de cadera, como la postura de la rana, la paloma o la postura de la cobra, pueden hacer maravillas en su región sacra. Liberarán la tensión física y mejorarán la circulación sanguínea y energética en esta zona. Para obtener los mejores resultados, intente hacerlas tan profundas como pueda y mantenerlas durante el máximo tiempo posible.

- **Meditación:** Pruebe la meditación u otras técnicas de atención plena diseñadas para elevar su inteligencia emocional y desbloquear el problema que le mantiene atascado en un lugar con sus emociones.

- **Dieta:** Coma alimentos de color naranja como zanahorias, batatas, naranjas, mango, calabaza y papaya para sanar su chakra sacro.

- **Cristales:** El granate, la cornalina, la calcita naranja, la piedra de sangre y otras piedras naranjas vibran al mismo nivel que su chakra sacro necesita para restablecer su equilibrio energético. Manténgalas cerca de usted durante la meditación. O, mejor aún, colóquelas en el bajo vientre para canalizar su energía hacia usted.

Chakra del plexo solar

El chakra del plexo solar es un centro de energía que afecta a la zona superior del abdomen o, por decirlo de forma sencilla, sus intestinos. Cuando funciona correctamente, tendrá más confianza en su intuición, así como más autoestima. La energía de este centro también afecta a su digestión y a sus músculos centrales. Si está bloqueado, puede experimentar hinchazón, aumento o disminución del apetito, úlceras, dolor de estómago, reflujo ácido y otros problemas digestivos, así como calambres musculares.

En el plano mental y emocional, un bloqueo en este chakra se manifiesta de las siguientes maneras: pérdida de autoestima, impotencia, falta de valor y trastornos alimentarios. Sentirse insatisfecho con su vida también puede significar un desequilibrio en esta región.

Puede desbloquear su chakra del plexo solar mediante los siguientes métodos:

- **Yoga:** Algunas de las posturas más eficaces para este chakra son la postura del guerrero, la postura del arco y la postura del barco. Todas ellas comprometen los músculos de su núcleo, lo que estimula el flujo de energía en esta zona. También son excelentes para fortalecer su equilibrio, lo que ayuda a recuperar la confianza.

- **Meditación:** Utilice estrategias mediadoras que atraigan la energía positiva, devolviéndole la confianza, el valor y la autodisciplina que necesita. Combínelas con pranayama u otras técnicas de respiración profunda para conseguir un efecto aún más potente.

- **Dieta:** Los alimentos amarillos son los que mejor funcionan para sanar este chakra, así que pruebe a comer plátanos, pimientos y piñas. Mejore su salud intestinal con alimentos amarillos que estimulen la digestión, como el jengibre.

- **Cristales:** El cuarzo amarillo, el citrino, el ojo de tigre amarillo y la calcita amarilla están estrechamente asociados a la energía de los chakras solares. Colóquelos en la parte superior del abdomen mientras está acostado, o llévelos en un collar, asegurándose de que lleguen al estómago.

Chakra del corazón

Como su nombre indica, este chakra está situado en el centro del pecho, cerca del corazón. Estrechamente asociado con el color verde, promueve el amor, la bondad y la compasión dirigidos principalmente hacia usted mismo, y luego hacia los demás. En consecuencia, cuando este chakra está bloqueado, es probable que tenga problemas para expresar sus sentimientos y que le falte empatía con las emociones de los demás.

También es habitual sentirse perdido, sobre todo si el bloqueo está causado por el final de una relación o la muerte de un ser querido. Los problemas circulatorios, la presión arterial alta o baja y un ritmo cardíaco irregular también pueden ser síntomas de un chakra del corazón desequilibrado.

He aquí algunas formas eficaces de desbloquear su chakra del corazón:

- **Yoga:** Las posturas de apertura del corazón, como la del camello o la del águila, son especialmente recomendables para los problemas relacionados con el chakra del corazón. También puede probar otras secuencias que comprometan su pecho, hombros y espalda, renovando el flujo negro en estas regiones.

- **Meditación:** Pruebe técnicas de meditación que hagan aflorar el amor incondicional, la compasión, la generosidad y la capacidad de encontrar la bondad en uno mismo y en los demás.

- **Dieta:** Comer verduras será extremadamente beneficioso para su chakra del corazón. Tiene la col rizada, las espinacas, la lechuga romana, el pepino y muchas más verduras verdes para elegir. Los kiwis también están asociados a este centro energético.

- **Cristales:** Busque piedras verdes brillantes, como el jade, la esmeralda, la calcita verde, el peridoto o la turmalina sandía, para obtener energía curativa natural. Llévelas sobre el corazón y tendrá garantizado que sanarán, desbloquearán o limpiarán su chakra del corazón.

Chakra de la garganta

Como su nombre indica, está situado en la zona de la garganta y se asocia con el color azul. Es el responsable de su capacidad de comunicación. Todo lo que siente en su cuerpo y en su mente está vinculado en este chakra. Físicamente, afecta a la base del cráneo, las orejas, las mejillas, los labios, la lengua, la mandíbula, la parte inferior del cuello, la parte superior de la espalda y los hombros. Los bloqueos en este chakra son probablemente los más notables, ya que a menudo causan la pérdida de su voz, problemas de tiroides o infecciones en la boca, los dientes y las encías.

No solo eso, sino que puede experimentar una pérdida de capacidad para comunicarse verbalmente, hablar sin pensar y utilizar palabras negativas. La tendencia a dominar las conversaciones o a tener la última palabra, la ansiedad por hablar delante de los demás y la falta de disposición a escuchar a los demás son también signos comunes de un chakra de la garganta bloqueado.

Utilice estos métodos para desbloquear su chakra de la garganta:

- **Yoga:** Algunas de las posturas recomendadas para este chakra son el arado, el pez y la postura de la reina, así como otras diseñadas para liberar la tensión del cuello, los hombros y la parte superior de la espalda y mantener la energía fluyendo hacia estas zonas.

- **Meditación:** Céntrese en ejercicios de meditación que le ayuden a comunicar sus necesidades a los demás. Puede que no sea a través de las palabras, pero otros medios creativos para ser más consciente pueden enseñarle.

- **Dieta:** Los arándanos, las moras y las algas verde-azules son los que mejor funcionan para realinear el chakra de la garganta. Otros alimentos no azules, como las algas, la hierba de trigo, el ginseng y los tés, tienen un efecto calmante en la garganta y pueden ayudar a restablecer el flujo de energía hacia este centro.

- **Cristal:** Puede aprovechar la energía para nutrir su chakra de la garganta de piedras azules como la aguamarina, la celestita, el lapislázuli y la turquesa. Sujételas en la base de la garganta o en el hombro mientras medita. O lleve una piedra pequeña en un collar apretado para mantenerla cerca de la garganta.

Chakra del tercer ojo

El chakra del tercer ojo está situado entre sus ojos físicos y representa un claro vínculo con su intuición. Asociado con el color índigo, impulsa el desarrollo de su imaginación y su sabiduría superior. Su función afecta a su cerebro y a sus ojos, por lo que su bloqueo suele manifestarse como problemas de visión, dolores de cabeza frecuentes, pérdida de memoria y niebla mental. En el plano emocional, los signos de un bloqueo pueden incluir problemas de comprensión de la realidad, estrechez de miras, problemas para confiar en la propia intuición y falta de voluntad para aprovechar la sabiduría más profunda que hay en su interior.

He aquí algunas formas de desbloquear su chakra del tercer ojo:

- **Yoga:** No hay posturas de yoga específicas para desbloquear, realinear o sanar este chakra. En su lugar, concéntrese en los movimientos o secuencias que se sientan bien para el cuerpo. Esto puede variar de vez en cuando, así que asegúrese de escuchar las señales de su cuerpo y de su mente, para poder atender sus necesidades intuitivas.

- **Mediación:** Necesitará la mediación y otras técnicas de atención plena diseñadas para realinearse con su intuición. Combinarlas con afirmaciones puede ser incluso más útil para que abra su mente y empiece a creer en sí misma.

- **Dieta:** Los alimentos de color púrpura son los que mejor se asocian con el chakra del tercer ojo, así que procure incorporar la mayor cantidad que pueda en su dieta. Coma lechuga y zanahorias moradas, berenjenas, ciruelas y uvas para nutrir este centro.

- **Cristales:** Este chakra requiere la energía de las piedras de color morado oscuro o casi en el lado azul del morado, como la sugilita, la amatista y el zafiro. Puede incorporar estas piedras en accesorios para la cabeza, llevarlas como pendientes o sostenerlas cerca de usted mientras medita en su chakra del tercer ojo.

Chakra de la corona

Estrechamente asociado con la inteligencia, la conciencia profunda, la iluminación y el color violeta, el chakra de la corona es definitivamente uno que exige mucha atención. Y más aún porque está conectado con todos los demás centros energéticos. Debido a esto, también suele estar simbolizado por el color blanco, que es el color universal de un poder superior. Esto significa que, aunque esté en la parte superior de la cabeza, el chakra de la coronilla no siempre afecta solo a lo que está debajo de él físicamente, sino que también afecta a todos los demás órganos del cuerpo.

Aunque los síntomas físicos vinculados específicamente a este centro pueden ser menores que con el otro chakra, signos como la sensibilidad a la luz y los sonidos y los problemas neurológicos pueden indicar problemas en este departamento. Los síntomas espirituales y mentales, en cambio, son numerosos. Desde la falta de crecimiento espiritual hasta la terquedad y el escepticismo, pasando por centrarse en las cosas materiales de la vida, todos estos signos pueden deberse a un chakra coronario mal alineado.

He aquí algunas formas útiles de desbloquear su chakra coronario:

- **Yoga:** La postura de la cabeza, la del loto y la de la mariposa son estupendas para restablecer la circulación sanguínea en su cabeza y el flujo de energía hacia su chakra de la coronilla. Asegúrese de comenzar su sesión con una respiración profunda, para poder concentrarse.

- **Mediación:** Los ejercicios de conexión a tierra le ayudarán a alejar su mente de las cosas intrascendentes y dirigirla hacia lo que es importante. Combínelos con mudras relacionados con el chakra de la coronilla para obtener resultados aún mejores.

- **Dieta:** Curiosamente, la dieta del chakra de la coronilla se basa en la falta de alimentos más que en los alimentos específicos que hay que comer. Ayunar lo suficiente para no dejar que su cuerpo se quede sin combustible puede hacer maravillas para despejar su cabeza. Empiece por ayunar durante 12 horas durante la noche, y aumente poco a poco su periodo de no comer.

- **Cristales:** Las piedras de color púrpura claro y blanco como los diamantes, la selenita, la piedra de luna y el cuarzo vibran en la misma frecuencia que su chakra de la corona, lo que significa que pueden proporcionarle un poder superior. Apóyelas en su cabeza mientras medita o llévelas durante el día de forma similar a la descrita para el chakra anterior.

Reflexiones finales

No todos los síntomas descritos para los chakras individuales representan un bloqueo en ese chakra específico. Pueden ser la manifestación de un chakra raíz bloqueado que no deja fluir la energía hacia otro chakra, afectando a sus funciones. Antes de empezar a trabajar en cualquiera de los chakras, asegúrese de que el problema reside realmente en ellos.

Además, como sabe, la vibración de su energía siempre depende de sus sentimientos actuales. Esto significa que lo que parece y se siente mal hoy puede no sentirse igual mañana.

Los patrones de bloqueo establecidos pueden resolverse utilizando un método de los descritos anteriormente para cada chakra. Si un síntoma aparece de forma continuada, puede ser un indicio de que existe un trauma grave y un bloqueo en el chakra. Esto suele requerir que se combinen varios métodos de curación durante un periodo prolongado.

Conclusión

Al ser el chakra asociado con el arraigo y la estabilidad, Muladhara es responsable de atender sus necesidades básicas. Además de animarle a encontrar una alimentación y un refugio adecuados para protegerse de los elementos, también le impulsa a explorar sus necesidades espirituales, físicas y emocionales. Por desgracia, no puede hacer nada de esto correctamente cuando está bloqueado o abrumado por la energía negativa derivada de un entorno hostil o de experiencias desagradables. Si se rememoran las experiencias pasadas es cuando se empiezan a experimentar síntomas como la inseguridad, la ansiedad, la falta de concentración, el insomnio y muchas otras emociones asociadas a un chakra raíz bloqueado.

Dado que la función básica de Muladhara es mantenerle con los pies en la tierra, es una buena idea empezar con ejercicios diseñados para hacer precisamente eso. Utilizando el cuestionario que encontrará en este libro, puede comprobar el estado de su chakra raíz. Si percibe alguno de los síntomas descritos anteriormente, puede proceder a aprender las técnicas que pueden rectificar el problema. Si no está familiarizado con las técnicas de atención plena, puede empezar con sencillos ejercicios de pranayama. Estas técnicas de respiración profunda le ayudarán a introducirse en las sesiones de meditación o yoga diseñadas para abrir o sanar un chakra raíz bloqueado.

Poco a poco, puede empezar a enriquecer su práctica con afirmaciones positivas y mantras que le ayudarán aún más a expresar su intención. Aprenderá a canalizar su energía en una dirección positiva y a mantener la negatividad alejada de su chakra base. El uso de cristales y piedras curativas añade otra capa a sus prácticas de nutrición del Muladhara. El color de la tierra y los elementos naturales, como las piedras hechas de un mineral, le proporcionarán la forma más pura de energía que puede utilizar para nutrir su sistema de chakras. Si aprende a recargar sus cristales de forma natural, dispondrá de un suministro inagotable de energía bruta, que le motivará para superar cualquier obstáculo en la vida.

Y, por supuesto, no debe olvidar la dieta y la nutrición. Comer alimentos naturales puede ayudarle a sentirse más conectado con la tierra, desbloqueando o equilibrando eficazmente su chakra raíz. Concéntrese en el color de los alimentos que consume, al igual que lo hace con los cristales que elige tener a su alrededor. Busque siempre complacer a Muladhara con muchos alimentos rojos, preferiblemente en forma cruda, ya que contienen más de los preciosos nutrientes que necesita. También puede mimarse con aromaterapia durante sus baños y duchas o utilizar aceites esenciales para abrir su chakra raíz mediante ejercicios de atención plena.

Aunque no puede añadir todos estos elementos a su horario de una sola vez, incorporarlos a sus rutinas diarias poco a poco hará maravillas en su chakra raíz. Siéntase libre de mezclar y combinar las posturas de yoga para montar secuencias divertidas. Añada diferentes mantras, afirmaciones, mudras, pranayama y ejercicios de meditación para crear una sesión única para cada día, así no se aburrirá con ninguna de ellas. Se trata de centrarse en sus necesidades básicas y hacer lo que le parezca correcto. Porque, en última instancia, en esto se basa su esencia energética. No solo mantenerlo sano equilibrará el Muladhara, sino que también puede abrir la posibilidad de elevar los chakras superiores. Recuerde que todos sus chakras están conectados en un complejo sistema energético y están en constante comunicación entre sí. Nutrir uno de ellos significa nutrirlos a todos.

Vea más libros escritos por Mari Silva

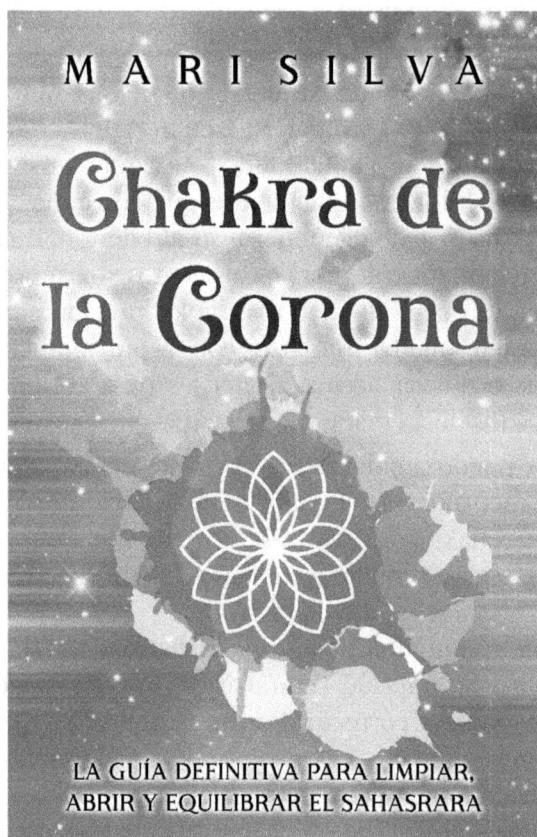

MARI SILVA

Chakra de la Corona

LA GUÍA DEFINITIVA PARA LIMPIAR, ABRIR Y EQUILIBRAR EL SAHASRARA

Su regalo gratuito

¡Gracias por descargar este libro! Si desea aprender más acerca de varios temas de espiritualidad, entonces únase a la comunidad de Mari Silva y obtenga el MP3 de meditación guiada para despertar su tercer ojo. Este MP3 de meditación guiada está diseñado para abrir y fortalecer el tercer ojo para que pueda experimentar un estado superior de conciencia.

https://livetolearn.lpages.co/mari-silva-third-eye-meditation-mp3-spanish/

Referencias

Davis, F. (2021, 24 de febrero). Chakra frequencies: What they are & how to achieve resonance. Cosmic Cuts. https://cosmiccuts.com/blogs/healing-stones-blog/chakra-frequencies

Drollinger, J. (2021). Root chakra: Activating, balancing, and healing: Mind-body and soul connection. Independently Published.

Fishman, D. (2021, 24 de junio). Sex and the root chakra. Center for Holistic Mental Health and Sexual Therapy. https://chmhst.com/sexual-behavior/sex-and-the-root-chakra/

Fondin, M. (2020, 7 de octubre). The root chakra: Muladhara. Chopra. https://chopra.com/articles/the-root-chakra-muladhara

Kelly Neff, M. A. (2019, 23 de agosto). 7 chakra-clearing affirmations to enhance your sex life. Mindbodygreen. https://www.mindbodygreen.com/0-12926/7-chakraclearing-affirmations-to-enhance-your-sex-life.html

Lindberg, S. (2020, 24 de agosto). What are chakras? Meaning, location, and how to unblock them. Healthline. https://www.healthline.com/health/what-are-chakras

MacKinnon, H. (2019, 30 de septiembre). The first chakra: Root Chakra —. Small Seed Bar. https://www.smallseedbar.com/blog/root-chakra

Novak, S. (2022, 26 de enero). The crazy link between an awesome sex life and your chakra system. Organic Authority. https://www.organicauthority.com/energetic-health/the-crazy-link-between-the-chakra-system-and-having-an-awesome-sex-life

Pfannkuch, K. (2016, 11 de enero). The 7 core chakras and how they influence creative expression. Creative Katrina.

https://creativekatrina.com/the-7-core-chakras-and-how-they-influence-creative-expression/

Shirley, P., & Joy. (2018, 6 de febrero). Bad yogi blog. Bad Yogi Blog. https://www.badyogi.com/blog/demystifying-muladhara-the-root-chakra/

Snyder, S., Editors, Y. J., Indries, M., Marglin, A. T. to, & LaRue, M. B. (2021, 11 de agosto). Everything you need to know about the root chakra. Yoga Journal. https://www.yogajournal.com/yoga-101/chakras-yoga-for-beginners/intro-root-chakra-muladhara/

Stokes, V. (2021, 25 de octubre). Root chakra healing: The science, traditions, and techniques. Healthline. https://www.healthline.com/health/mind-body/root-chakra-healing

The energy body in yoga. (2015, 8 de diciembre). Ekhart Yoga. https://www.ekhartyoga.com/articles/practice/the-energy-body-in-yoga

The Root Chakra: Your personal guide to balance the first chakra. (n.d.). Art Of Living (United States).

Dadabhay, Y. (2021, 30 de diciembre). 11 blocked or underactive root chakra warning signs to be aware of. Subconscious Servant. https://subconsciousservant.com/blocked-or-underactive-root-chakra/

Lindberg, S. (2020, 24 de agosto). What are chakras? Meaning, location, and how to unblock them. Healthline. https://www.healthline.com/health/what-are-chakras

Brown, K. J. (2020, 9 de marzo). How to open your root chakra, according to reiki masters. Well+Good. https://www.wellandgood.com/how-to-open-root-chakra/

A daily mindful walking practice. (2017, 17 de julio). Mindful. https://www.mindful.org/daily-mindful-walking-practice/

Ashish. (2021, 5 de octubre). Root Chakra meditation: How to do, benefits & practice tips. Fitsri. https://www.fitsri.com/articles/root-chakra-meditation

Balter, J. (2015, 16 de junio). 7 ways to easily incorporate meditation into your life. Wanderlust. https://wanderlust.com/journal/7-ways-to-easily-incorporate-meditation-into-your-life/

Brown, K. J. (2020, 31 de marzo). How a successful root chakra meditation makes you feel more grounded. Well+Good. https://www.wellandgood.com/root-chakra-meditation/

Cherry, K. (n.d.). What Is Meditation? Verywell Mind. https://www.verywellmind.com/what-is-meditation-2795927

Daga, R. B. (2017). Walking Meditation. Journal of Sleep Disorders & Therapy, 06(05). https://doi.org/10.4172/2167-0277.1000279

Editors, Y. J., Husler, A., Land, R., Herrington, S., & Rosen, R. (2017, March 8). Meditation seal. Yoga Journal. https://www.yogajournal.com/poses/dhyana-mudra/

Fernandez, C. (2019, 18 de septiembre). These profound thich Nhat Hanh quotes will bring you peace today. Oprah Daily. https://www.oprahdaily.com/life/g29092056/thich-nhat-hanh-quotes/?slide=7

Heger, E. (2020, 18 de mayo). 7 benefits of meditation and how it can affect your brain. Insider. https://www.insider.com/benefits-of-meditation

Holmes Place. (2018, 6 de abril). 3 ways to include meditation in your daily schedule. Holmes Place. https://www.holmesplace.com/en/en/blog/wellness/3-ways-include-meditation-daily-schedule

Ishak, R. (2015, 3 de noviembre). How to start meditating & 6 ways to include it in your daily life. Bustle. https://www.bustle.com/articles/121407-how-to-start-meditating-6-ways-to-include-it-in-your-daily-life

Kable, R. (2019, 3 de febrero). 20 powerful tips to help you meditate better —. Rachael Kable. https://www.rachaelkable.com/blog/tips-to-help-you-meditate-better

Kurt. (2017, 4 de julio). Finding your center: Grounding meditation techniques. Earthing Canada. https://earthingcanada.ca/blog/grounding-meditation-techniques/

Long commute: How to reduce rising stress. (2019, 17 de julio). Insight Timer Blog. https://insighttimer.com/blog/long-commute-meditation-stress/

Matson, M. (2019, 17 de marzo). Muladhara: Root chakra meditation for healing and balancing [VIDEO]. Brett Larkin Yoga. https://www.brettlarkin.com/muladhara-root-chakra-meditation-healing-balancing/

Meditation. (n.d.). Art of Living (India). https://www.artofliving.org/in-en/meditation

Rebecca Cairns, Z. I. (2021, 1 de julio). What is meditation? The history and health benefits of meditation — and how you can get started. Insider. https://www.insider.com/meditation-definition

Root chakra meditation. (n.d.). KiraGrace. https://www.kiragrace.com/blog/root-chakra-meditation/

Scott, S. J. (2019, 22 de abril). Mindful commuting: Making Time for mindfulness during free moments. Develop Good Habits. https://www.developgoodhabits.com/mindful-commuting-making-time-mindfulness/

Stibich, M. (n.d.). How to fit meditation into your day. Verywell Mind https://www.verywellmind.com/how-to-fit-meditation-into-your-day-every-day-2224118

Stokes, V. (2021, 25 de octubre). Root chakra healing: The science, traditions, and techniques. Healthline. https://www.healthline.com/health/mind-body/root-chakra-healing

Yoga, K. (2015, 10 de junio). What exactly are Mudras, and why use them in yoga practice? —. Korsi Yoga. http://www.korsiyoga.com/korsi-blog/2015/6/10/what-exactly-are-mudras-and-why-use-them-in-yoga-practice

Ashish. (2019, 27 de noviembre). Gyan Mudra: Meaning, How to Do, Benefits & Precautions. Fitsri. https://www.fitsri.com/yoga-mudras/gyan-mudra

Muladhara Mudra Yoga. (n.d.). Tummee.Com. https://www.tummee.com/yoga-poses/muladhara-mudra

Yele, K. (2021, 30 de marzo). (Earth Mudra) Prithvi Mudra Meaning and its Benefits for Hair Growth & Weight Gain. Vedic Yoga Ayurveda. https://vedicyogayurveda.com/prithvi-mudra/

Saradananda, S. (2015). Mudras for Modern Life. Watkins Publishing.

Nunez, K. (2020, 15 de mayo). Pranayama Benefits for Physical and Emotional Health. Healthline. https://www.healthline.com/health/pranayama-benefits

Learn Pranayama Breath Control and Its Positive Effects on Your Health. (n.d.). Art Of Living (United States). https://www.artofliving.org/us-en/blog/learn-pranayama-breath-control-and-its-positive-effects-on-your-health

Pranayama for Root Chakra. (n.d.). Yogateket. https://www.yogateket.com/blog/pranayama-for-root-chakra

Hughes, A. (2020, 4 de mayo). Balancing Muladhara: How to Realign Your Root Chakra. Yogapedia.Com; Yogapedia. https://www.yogapedia.com/balancing-muladhara-how-to-realign-your-root-chakra/2/12056

Nadi Shodhana. (n.d.). Yogapedia.Com. http://www.yogapedia.com/definition/5322/nadi-shodhana

Sitali Pranayama. (n.d.). Yogapedia.Com. http://www.yogapedia.com/definition/6518/sitali-pranayama

Mackenzie A. 8 root chakra poses for balance and stability of muladhara. YOGA PRACTICE. Published October 25, 2020. https://yogapractice.com/yoga/root-chakra-yoga-poses/

Snyder S, Indries M, Varshney P, Schettler RM, Land R, Hunter F. Root chakra tune-up practice. Yoga Journal. Published January 1, 2015. https://www.yogajournal.com/practice/yoga-sequences/root-chakra-muladhara-tune-up-practice/

Hughes A. Balancing muladhara: How to realign your root chakra. Yogapedia.com. Published May 4, 2020. https://www.yogapedia.com/balancing-muladhara-how-to-realign-your-root-chakra/2/12056

Root Chakra Stones: Balancing Crystals for the Base Chakra. (n.d.). Shawacademy.Com. https://www.shawacademy.com/blog/root-chakra-stones/

Beads, T. (2020, 14 de diciembre). What Is The Difference Between Crystals & Gemstones? Tejas Beads. https://www.tejasbeads.com/blogs/the-geologist/the-difference-between-crystals-and-gemstones

Oakes, J. (2021, 7 de abril). Root Chakra Stones: These 11 Crystals Are Crucial For Healing. Tiny Rituals. https://tinyrituals.co/blogs/tiny-rituals/root-chakra-stones

Oakes, J. (2021, 27 de marzo). How To Cleanse Crystals: 9 Crucial Practices You Need To Know. Tiny Rituals. https://tinyrituals.co/blogs/tiny-rituals/how-to-cleanse-crystals

Harutyunyan, M. (2021, 9 de noviembre). Root Chakra Stones: What Are The 7 Best Root Chakra Crystals? Conscious Items. https://consciousitems.com/blogs/practice/root-chakra-stones

Find The Best Healing Crystals For You. (n.d.). HealingCrystalsForYou.Com. https://www.healing-crystals-for-you.com/

TNN. (2019, 1 de agosto). The science behind healing crystals explained! The Times of India; Times Of India. https://timesofindia.indiatimes.com/life-style/health-fitness/home-remedies/the-science-behind-healing-crystals-explained/articleshow/70482968.cms

12 professionals share their favorite essential oils & blends for the root chakra. (n.d.). Sacred Soul Holistics. https://www.sacredsoulholistics.co.uk/blogs/news/root-chakra-essential-oils-blends

How to use essential oils to balance your chakras. (n.d.). Releaseyoga.Com. http://releaseyoga.com/blog/2015/12/01/how-to-use-essential-oils-to-deepen-your-yoga-practice

Knight, A. (2016, 11 de abril). Root Chakra. Aromacare. https://aromacare.com.au/blogs/aromatherapy-services/root-chakra

Pure Essential Oils to balance your Root Chakra. (n.d.). Meraki Essentials. https://merakiessentials.com/blogs/meraki-essential/pure-essential-oils-to-balance-root-chakra

Simone, D. (2019, 22 de septiembre). The key to balancing your energy might be aromatherapy. XoNecole: Women's Interest, Love, Wellness, Beauty. https://www.xonecole.com/chakra-attunement-using-aromatherapy-to-balance-your-energy/

Stokes, V. (2021, 17 de febrero). Essential oils for chakras: Balance and heal with scents. Healthline. https://www.healthline.com/health/essential-oils-for-chakras

3 recipes for your root chakra. (n.d.). Daily Life https://dailylife.com/article/recipes-for-your-root-chakra?ref=tfrecipes

Caron, M. (2018, 5 de noviembre). Healing the root chakra with food. Sivana East. https://blog.sivanaspirit.com/hl-sp-root-chakra-food/

Chakra foods for healing & health. (2018, 27 de marzo). Deborah King. https://deborahking.com/7-foods-to-heal-7-chakras/?doing_wp_cron=1649895609.0356950759887695312500

Easterly, E. (2020, 16 de junio). Eating to balance your chakras. Chopra. https://www.chopra.com/articles/eating-to-balance-your-chakras

Fondin, M. (2020, 7 de octubre). The root chakra: Muladhara. Chopra. https://chopra.com/articles/the-root-chakra-muladhara

Give energy with root (Muladhara) chakra recipes. (2019, 21 de marzo). Chakrashealth.Com.

Kaiser, S. (2020, 21 de febrero). Get grounded with these 3 root chakra soups.... Spirituality & Health. https://www.spiritualityhealth.com/articles/2020/02/21/get-grounded-with-these-3-root-chakra-soups-bonus-recipe

Moone, A. (2018, 30 de diciembre). 6 foods to balance your root chakra. Plentiful Earth. https://plentifulearth.com/6-foods-to-balance-your-root-chakra/

The. (n.d.). Chakra foods: 7 chakras food chart. 7 Chakra Store https://7chakrastore.com/blogs/news/chakra-foods

The best foods for each chakra. (2016, 18 de junio). Parsnips and Pastries. https://www.parsnipsandpastries.com/chakra-food-pairing-balancing-healing-energy-centers-food/

The root chakra: Foods to ground and strengthen. (n.d.).

Food for your chakras. Times Of India. https://timesofindia.indiatimes.com/life-style/health-fitness/diet/food-for-your-chakras/articleshow/19661214.cms

Drollinger, J. (2021). Root chakra: Activating, balancing, and healing: Mind-body and soul connection. Independently Published.

Mackenzie, A. (2020, 25 de octubre). 8 root chakra poses for balance and stability of muladhara. YOGA PRACTICE. https://yogapractice.com/yoga/root-chakra-yoga-poses/

Stokes, V. (2021, 25 de octubre). Root chakra healing: The science, traditions, and techniques. Healthline. https://www.healthline.com/health/mind-body/root-chakra-healing

The Tribune India. (2018, 5 de diciembre). Muladhara chakra How to keep one grounded? The Tribune India

Stelter, G. (2016, 4 de octubre). Chakras: A Beginner's Guide to the 7 Chakras. Healthline. https://www.healthline.com/health/fitness-exercise/7-chakras

Burton, N., Derisz, R., Fay, Z., & Dowling, A. (2021, 5 de diciembre). How to Unblock Chakras: A Complete Guide to Getting Clear from Root to Crown. Goalcast. https://www.goalcast.com/how-to-unblock-chakras/

Muladhara Chakra – The Most Important Chakra. (n.d.). Ishafoundation.Org https://www.ishafoundation.org/ta/blog/muladhara-chakra.isa

Freshwater, S. (2017, 21 de noviembre). 1st Chakra Root Muladhara. Shawna Freshwater, Ph.D. https://spacioustherapy.com/1st-chakra-root-muladhara

www.ingramcontent.com/pod-product-compliance
Lightning Source LLC
Chambersburg PA
CBHW071900090426
42811CB00004B/681